U0923938

旅游产业创新与发展丛书

旅游景区新媒体营销策略

——基于旅游景区与旅游者的双重视角——

郭 峦◎著

广西大学经济与管理实验中心资助

MARKETING STRATEGY OF NEW MEDIA IN SCENIC SPOT: BASED ON THE PERSPECTIVES OF SCENIC SPOT AND TOURISTS

经济管理出版社
ECONOMY & MANAGEMENT PUBLISHING HOUSE

图书在版编目（CIP）数据

旅游景区新媒体营销策略：基于旅游景区与旅游者的双重视角／郭峦著. —北京：经济管理出版社，2019.11

ISBN 978-7-5096-4162-0

Ⅰ. ①旅…　Ⅱ. ①郭…　Ⅲ. ①旅游区—网络营销—营销策略—中国　Ⅳ. ①F592.68

中国版本图书馆 CIP 数据核字（2019）第 258102 号

组稿编辑：王光艳
责任编辑：李红贤　王虹茜
责任印制：黄章平
责任校对：王淑卿

出版发行：经济管理出版社
（北京市海淀区北蜂窝 8 号中雅大厦 A 座 11 层　100038）
网　　址：www. E-mp. com. cn
电　　话：（010）51915602
印　　刷：三河市延风印装有限公司
经　　销：新华书店
开　　本：720mm×1000mm /16
印　　张：12.75
字　　数：208 千字
版　　次：2020 年 5 月第 1 版　　2020 年 5 月第 1 次印刷
书　　号：ISBN 978-7-5096-4162-0
定　　价：68.00 元

前　言

随着信息技术的迅猛发展，越来越多的人开始使用互联网。根据中华人民共和国互联网信息办公室发布的《第 43 次中国互联网络发展状况统计报告》显示，截至 2018 年 12 月，我国互联网普及率达 59.6%，中国网民规模为 8.29 亿，较 2017 年末增加 3.8%，手机网民规模达 8.17 亿，较 2017 年末增加 8.5%，网民中使用手机上网人群的占比高达 98.6%。互联网已经逐渐成为人们工作、生活和学习的重要组成部分，全方位地改变了人们的信息搜索方式和消费习惯。

与此同时，互联网技术的快速发展，改变了传统的信息传播方式，网站、微博、微信、博客、App 等一批新的传播媒介应运而生。这些新媒体的超时空、交互性、开放性等特征，促使信息发布更及时，传播速度更快，传播范围更广，交流互动更充分，呈现形式更多元，进而构建出全新的信息传播渠道、方法和模式。

近年来，随着国民经济的日益增长，人民生活水平的不断提高，我国旅游业得到了长期、持续的发展，并成为国家战略性新兴产业。旅游景区作为旅游业的三大支柱产业之一，也获得了飞速发展。随着旅游景区数量的不断攀升，旅游景区之间的竞争愈演愈烈。在此背景下，营销逐渐成为旅游景区获取竞争优势的有力手段，实现可持续发展的重要途径。在互联网时代，新媒体营销已经成为旅游景区营销的发展趋势、智慧旅游景区建设的重要内容。

因此，本书对旅游景区新媒体营销进行了系统性的研究，从旅游景区和旅游者两个视角展开了深入讨论，具体内容如下：①选取 6 个不同类型的旅游景区作为研究对象，运用比较研究方法，分析了旅游景区自建新媒体渠道营销的基本情况；采用问卷调查方法、模糊评价法，构建出旅游景区自建新媒体渠道的营销效果评价体系，并进行了实证研究。②将桂林市旅游景区作为研究案例，运用爬虫软件在携程网上抓取的游记文本作为数据，运用共词分析方法、社会网络分析方法等，探讨了桂林市旅游景区网络口碑传播热度和共现现象。③以微信朋友圈作为即时通信 App 的代表，运用结构方程等方法，探讨了网络口碑营销中旅游者的信息分享行为，提出了旅游者分享行为的特征及其影响因素。④运用统计学方法，探讨旅游者网络搜寻旅游景区信息的偏好与满意度，深刻认识旅游者网络搜寻旅游景区信息的需求和现状。⑤分别从健全营销渠道、塑造鲜明形象、构建新媒体营销方案、促进网络口碑营销和展开整合营销等方面，提出旅游景区新媒体营销的策略。

本书所形成的旅游景区新媒体营销系统性理论具有以下特点：一是立足于旅游景区，基于系统观，较全面地探讨了旅游景区可直接或间接利用的新媒体渠道，深入剖析了自建新媒体渠道和网络口碑的营销现状，勾画出旅游景区新媒体营销的整体概貌；二是对“即时通信 App”这一新媒体的营销予以高度重视，并在此基础上探索了网络口碑营销中的关键环节——旅游者的旅游信息分享行为；三是提出一些可操作性强、切合实际的旅游景区新媒体营销策略。因此，本书具有较高的理论价值和实践指导意义，必将为旅游景区新媒体营销提供新思路、新途径和新模式，适合旅游和营销方面的学者、管理人员以及高等院校学生等读者阅读。

本书共九章，第一章和第九章由郭峦、郑竹欣完成；第二章由郭峦、艾维维完成；第三章由郭峦、樊锦完成；第四章和第六章由郭峦、张艳娥完成；第五章由郭峦、冯宇婷完成；第七章由郭峦、杨小露完成；第八章由郭峦、吴先强完成；第九章由郭峦完成。

本书在研究和撰写过程中，由于时间、精力和能力有限，尚存在许多不足与疏漏之处，敬请广大读者多提宝贵意见，谢谢！

目　录

第一章 绪论

一、研究背景和意义

（一）研究背景

1. 快速发展的信息技术改变了人们信息传播方式

随着信息技术的迅猛发展，人类社会迈入互联网时代。1994 年，中国与国际的 64K Internet 信道正式开通，标志着中国正式联入国际互联网。经过 20 多年的发展，中国的互联网迅速普及，中国网民的规模也呈现出持续、快速的发展趋势。据统计，2009～2018 年，互联网普及率从 28.9%增长至 59.6%，中国网民规模从 3.84 亿人增长至 8.29 亿人[①]。互联网已经成为人们生活中不可缺少的一部分，也影响着人们的生活方式。

近年来，我国在互联网基础资源、5G、量子信息、人工智能、云计算、大数据等领域发展非常迅速。这使得通过互联网、宽带局域网、无线通信网、卫星等渠道，以及电脑、手机、数字电视机等终端，向用户提供信息的新媒体应运而生。网站、网络社区、博客、微博、微信、QQ 等新媒体逐渐成为人们信息传播的重要途径。这些新媒体不仅融合了过去报刊、广播、电视等传统媒体的优势，通过文字、图像、声音、视频等多种方式进行表达，最大限度地丰富了感官体验，还打破了传统媒体的时空限制，通过手机、平板电脑或者其他智能终端能够快速发布信息和及时接收信息，实现了无时间限制和无地域限制的传播。新媒体的发展不仅使个人

① 数据来源于中华人民共和国互联网信息办公室发布的《第 43 次中国互联网络发展状况统计报告》。

成为信息的接受者还使其成为信息发布者，并实现了信息的双向性传播，甚至多向性传播，新媒体的超时空、交互性、开放性等独特特征，促使信息更新速度加快，信息传播渠道更加多样化，信息呈现形式也更加多元化。

信息技术发展所引发的新媒体时代，改变了人们的信息传播方式，也为企业的营销方式、渠道和内容带来了重大机遇与挑战。如何进行新媒体营销并发挥更有效的作用，成为企业营销关注的焦点之一。

2. 激烈的市场竞争催生旅游景区新媒体营销

中国旅游业起步虽然较晚，但是发展非常迅猛。2018 年国内旅游人数 55.39 亿人次，比上年同期增长 10.8%；入境旅游人数 14120 万人次，比上年同期增长 1.2%；出境旅游人数 14972 万人次，比上年同期增长 14.7%；全年实现旅游总收入 5.97 万亿元，同比增长 10.5%①。随着旅游业的迅猛发展，旅游业在国民经济中的地位日益提升，逐渐成为国民经济的战略性支柱产业和人民群众更加满意的现代服务业。在此背景下，旅游景区作为旅游业的三大支柱产业之一也出现了快速增长。2018 年末全国已有 A 级景区 11924 个，旅游景区之间的竞争日益白热化。

营销是旅游景区品牌创建、形象宣传、招徕客源的主要途径，是旅游景区获取竞争优势、实现可持续发展的重要手段。随着“互联网+”时代的到来，旅游信息不断汇聚，无论是旅游景区官方还是旅游者个人发布的信息，都在互联网平台呈现，并不断影响着潜在旅游者的出游决策。过去旅游景区采用电视、报纸、杂志、广播等传统媒体营销的方式显然已不能满足旅游景区的需要。据相关数据显示，企业利用互联网平台开展营销推广活动的占比为 38.7%，互联网平台在企业营销推广活动中不可或缺，并且扮演着重要角色，其中，在互联网营销活动中，企业通过移动互联网平台开展营销的占比高达 83.3%②。因此，在信息技术迅猛发展的时代中，旅游景区变革营销思维，运用新媒体，创造新颖、独特的营销方式，塑造旅游景区形象，树立旅游景区品牌势在必行。

3. 新媒体营销是智慧旅游景区建设的重要内容

随着信息时代人们生活方式的改变，旅游者通过一部手机就能轻松实

---

① 数据来源于《中华人民共和国文化和旅游部 2018 年文化和旅游发展统计公报》。

② 数据来源于中华人民共和国互联网信息办公室发布的《第 39 次中国互联网络发展状况统计报告》。

现旅游信息搜索、旅游产品订购和支付、旅途生活和娱乐导游、旅游反馈或投诉等旅游事务。为了满足旅游者出游智能化的需求，许多景区积极地投入到智慧景区的建设中。建设“智慧景区”已经成为我国旅游业发展的一个新趋势。2015 年国家旅游局发布的《“旅游+互联网”行动计划》明确指出，“推动 5A 级景区全部建设成为智慧旅游景区”“到 2020 年，全国所有 4A 级景区实现免费 Wi-Fi、智能导游、电子讲解、在线预订、信息推送等功能全覆盖”。

智慧旅游景区是通过智能网络对景区地理事物、自然资源、旅游者行为、景区工作人员行迹、景区基础设施和服务设施进行全面、透彻、及时的感知，对游客、景区工作人员实现可视化管理，优化再造景区业务流程和智能化运营管理，同旅游产业上下游企业形成战略联盟，实现景区环境、社会和经济的全面、协调和可持续发展。其中，旅游营销宣传平台是智慧旅游景区硬件建设的重要组成部分。通过旅游舆情监控和数据分析，优化营销渠道，挖掘旅游热点和游客兴趣点，策划对应的营销主题，推动旅游营销创新，提升旅游景区对旅游者日益增长的多方式、多途径信息获取诉求的响应能力，将成为智慧旅游景区建设的重要内容。

在这些机遇与背景下，利用网站、微博、微信、博客等新媒体进行景区营销是新时代旅游景区获取竞争优势的重要手段，也是当前旅游业实现可持续发展的重要任务之一。本书将对此展开研究，以期为旅游景区的新媒体营销的研究与实践提供借鉴和指导。

（二）研究意义

1. 理论意义

本书对旅游景区新媒体营销策略展开研究，在国内外研究文献综述的基础上，首先以广西 A 级景区为例，从旅游景区自建网站、博客、微博、微信公众号等渠道，探讨其新媒体营销的现状；其次基于网络游记，以桂林 A 级旅游景区为例，讨论旅游景区网络口碑营销的现状；再次基于微信朋友圈，分析旅游者旅游信息分享行为及其影响因素，归纳旅游者搜索旅游景区信息的行为特征；最后在上述研究的基础上，提出旅游景区的新媒体营销策略。这些研究拓展了旅游景区新媒体营销的思路，提出了旅游景区新媒体营销效果评价体系，探索了旅游者的微信朋友圈分享行为，深化了旅游景区网络口碑营销理论，构建出旅游景区新媒体营销的系统化理论，进一步深化了旅游景区营销理论。

2. 现实意义

本书通过对旅游者网络搜索旅游景区信息行为进行研究，帮助旅游企业掌握不同特征的潜在旅游者的搜索行为，锁定目标顾客群，提供潜在旅游者需要的旅游信息；对广西旅游景区新媒体营销的营销渠道、内容、展现形式和效果的研究，勾画出广西旅游景区新媒体营销的概貌；对广西桂林 A 级景区在游客网络游记中的网络口碑传播度和口碑传播偏好的研究，为旅游景区的网络口碑营销提供发展方向；对旅游者在旅游过程中的分享行为和影响因素的研究，有利于了解旅游者在微信朋友圈中的分享需求，引导旅游营销者进行更有针对性的营销管理，对提升旅游者满意度、忠诚度以及旅游目的地或旅游企业自身竞争力等具有重要的意义。此外，本书提出的旅游景区新媒体营销策略，将为智慧旅游景区的建设提供借鉴。

二、研究思路与内容

（一）研究思路

本书主要是对旅游景区运用新媒体进行营销的策略展开研究。通过观察、访谈和文献研究，发现旅游景区新媒体营销主要存在两种方式（见图 1-1）：一是旅游景区通过自建渠道直接参与的新媒体营销，旅游景区利用自己在新媒体上建立的官方网站、微信公众号、微博等为潜在旅游者提供景区信息，潜在旅游者根据自身需要搜索所需要的景区信息；二是旅游景区间接参与的新媒体营销，主要是网络口碑营销，旅游景区通过提供高质量产品（服务）或者激励措施，促使已经游览景区的旅游者（即营销主体），将出行经历和评价等信息（即营销内容），发布在马蜂窝、携程等第三方平台的旅游社区，或者微信、QQ 等 App 上，供潜在旅游者（即营销受体）被动接受或主动搜索获取。

本书需要解决的核心问题是旅游景区新媒体营销策略。根据旅游景区新媒体营销方式，要解决这一核心问题，必须对以下四个具体问题进行分析（见图 1-1）：“研究 1：基于官方网站、博客、微博、微信公众号等自建渠道的旅游景区新媒体营销现状”“研究 2：基于网络游记的旅

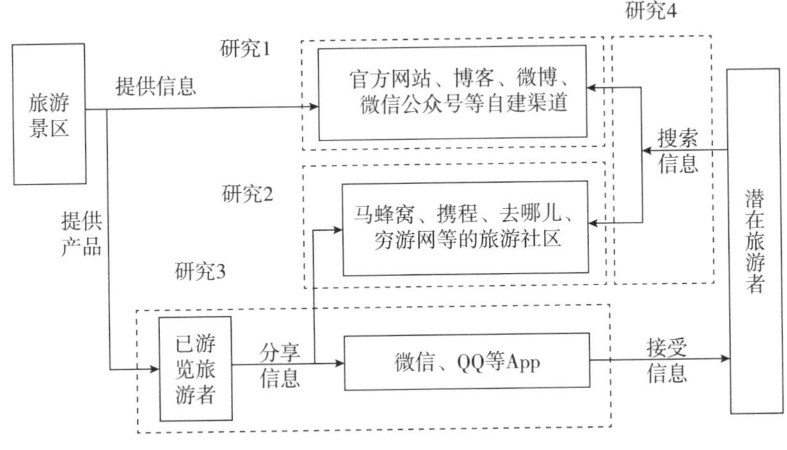

图 1-1 研究思路

游景区网络口碑营销现状”“研究 3：旅游者旅游信息分享行为及其影响因素”“研究 4：旅游者网络搜索旅游景区信息的偏好与满意度”。只有在分析上述问题的基础上，才能提出旅游景区的新媒体营销策略，最终解决核心问题。因此，本书按照以上 4 个具体问题和营销策略展开具体研究。

（二）研究内容

本书共分为九章，各章的主要内容为：

第一章：绪论。首先阐述了本书的研究背景和研究意义，说明了在新的时代背景下，对旅游景区的新媒体营销现状及策略进行研究，具有不可忽视的理论价值和实践意义；其次梳理了本书的研究思路，并按照顺序介绍了各个章节的研究内容；最后介绍了研究的技术路线和采用的研究方法。

第二章：国内外研究综述。本章主要对国内外关于旅游新媒体营销、旅游网络口碑营销、旅游者信息分享行为、搜索旅游信息行为等研究的成果进行了综述，并在此基础上对相关理论进行梳理，为本书奠定理论基础，同时指出本书将要解决的研究缺口问题。

第三章：旅游景区的新媒体营销概述。首先对新媒体和新媒体营销的内涵和特点作了梳理；其次阐述了旅游景区新媒体营销的内涵和特征，强调了旅游景区进行新媒体营销的必要性；最后对旅游景区新媒体营销的过程及其构成要素作了详细的分析，具体提出了旅游景区的两种新媒体营销过程，对比了直接营销和网络口碑营销这两种景区新媒体营销模式，界定了新媒体营销过程中的旅游景区和旅游者，介绍了六种旅游景区新媒体营销的主要渠道和具体应用情况。

第四章：旅游景区自建新媒体渠道的营销现状：基于广西的实证研究。首先以广西旅游景区为例，从运行情况、营销内容和营销展现形式三方面归纳了旅游景区自建新媒体渠道营销的基本情况；其次在构建新媒体营销效果评价指标体系的基础上，建立综合评价模型，设计发放问卷；最后得出基于自建渠道的新媒体营销效果的评价结果。

第五章：旅游景区网络口碑传播现状：基于携程网游记的实证研究。首先概述了旅游景区网络口碑营销和传播的内涵及其关系，归纳出旅游景区网络口碑传播的特征和类型；其次以桂林市旅游景区作为实证研究对象，采用网络爬虫软件获取携程网上的网络游记作为数据来源，探讨了旅游景区网络口碑传播的传播热度、传播内容偏好和景区共现现象。

第六章：旅游者分享行为及其影响因素：基于微信朋友圈的实证研究。首先结合文献综述和理论基础的阐述，提出本书的理论模型和研究假设；其次设计旅游者微信朋友圈分享行为和各个影响因素的测量量表，形成预调查问卷，进行预调查和问卷修正，最终形成正式调查问卷，进行数据收集；最后利用多元统计分析方法对收集到的样本数据进行统计分析，分析检验本书的理论模型和研究假设。

第七章：旅游者网络搜索旅游景区信息的偏好与满意度研究。在梳理了国内外相关研究文献后，结合实际情况，确定了本书的问卷题项，进行预调查和正式调查，对回收的问卷结果进行数据分析并得出旅游者网络搜索旅游景区信息的偏好和满意度的有关结论。

第八章：旅游景区的新媒体营销策略。立足于前面各部分研究的结果，主要从新媒体营销渠道、旅游景区形象、新媒体营销方案、网络口碑营销和整合营销等角度，提出旅游景区新媒体营销的策略。

第九章：结论与展望。通过对前面内容的探讨与分析，对所得到的研究结论进行总结，从研究视角和理论方面强调本书的创新之处，从研究方法和研究深度方面归纳本书的不足，并对未来值得深入研究的内容进行展望。

三、技术路线和研究方法

（一）技术路线

从“提出问题—分析问题—解决问题”的思路出发，针对研究内容和研究方法，绘制了本书的技术路线图，如图 1-2 所示。

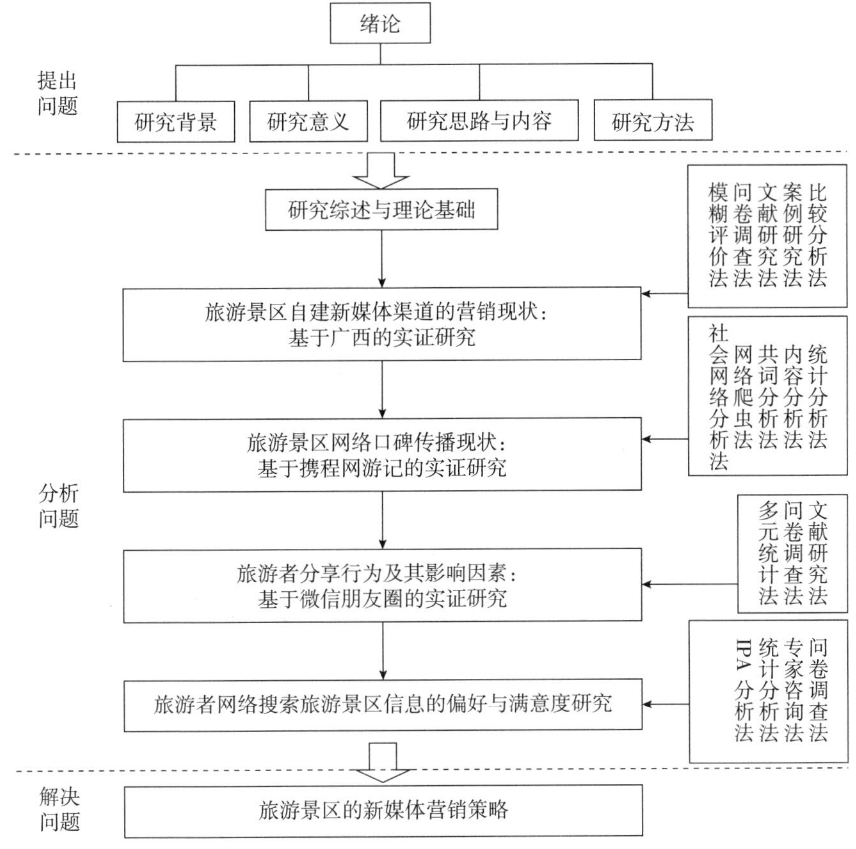

图 1-2　技术路线图

（二）研究方法

1. 文献研究法

通过查阅与本书相关的文献资料，收集整理与本书相关的研究理论与分析方法，为本书的开展打好基础。通过文献研究，不仅能够了解、掌握国内外研究现状，还可以借鉴相关的研究成果，最终确立本书的研究方向、目标路径和方法。在本书中，各成员系统地查阅、搜集和整理了国内外相关的学术论文、专著、资料、新媒体传播信息内容等，对旅游景区新媒体营销的相关概念及其特征进行定性研究。同时，借鉴相关研究成果，对旅游者搜索景区信息的动机和搜索行为做相应的变量设置，总结出新媒体营销效果评价的具体指标，为广西旅游景区新媒体营销效果评价体系的构建提供了理论基础。

2. 问卷调查法

本书通过问卷调查的方法获取第一手资料。在充分参考相关文献的基础上，确定了本书的问卷题项，制定了四份调查问卷，一份是针对广西旅游景区旅游者的问卷，通过在微信朋友圈和 QQ 群发放与回收问卷，整理出旅游者搜索广西旅游景区信息的动机和偏好；一份是针对使用微信朋友圈的旅游者的问卷，通过“滚雪球”式的电子发放和实地发放两种方式，总结出基于微信朋友圈的旅游者分享行为特征和影响因素；另两份是针对旅游专业的相关专家的问卷，通过收集汇总专家的意见来对广西旅游景区新媒体营销的效果评价指标的重要性和营销效果进行评价，进而通过统计分析得出广西旅游景区新媒体营销效果的评价结果。

3. 专家咨询法

专家咨询法是一种通过对相关领域专家进行匿名咨询，以达到完善研究的方法。本书向旅游专业相关的专家发放广西旅游景区新媒体营销效果评价体系的各评价指标的重要性的问卷，通过专家对相关指标重要程度的评分进而确定指标权重，形成完整的指标体系。之后再将广西旅游景区新媒体营销效果评价的问卷发送给专家，让专家对广西旅游景区新媒体营销效果进行评价，在此基础上利用模糊综合评判分析所得到的数据，计算出广西旅游景区新媒体营销的效果。

4. 比较分析法

在研究的过程中，将研究对象与其他对象进行比较，从而得出研究对象的不同之处的方法称为比较分析法。在研究过程中，对传统营销和新媒体营销模式的优势与劣势进行对比分析，找出新媒体营销相对于传统营销模式的比较优势，指出广西景区新媒体营销的重要性；选取漓江景区、德天大瀑布景区、黄姚古镇、百色起义纪念馆、北海银滩景区、桂林乐满地六个不同类型的景区作为案例比较对象，分析比较其各自参与新媒体营销的现状，并对其网站和微信公众号的新媒体营销评价结果进行对比分析；同时，对传统的口碑传播和网络口碑营销的特征进行比较分析，为广西各旅游景区注重网络口碑营销提供理论依据。

5. 案例分析法

由于广西旅游景区数量较多，全面展开相关数据的收集和分析，工作量较大，耗时较长。因此本书在对广西旅游景区新媒体营销效果的评价过程中，采取抽样调查的方式，选取了三个具有代表性的景区来进行调查，分别是漓江风景区、黄姚古镇景区和北海银滩景区；在对广西旅游景区网络口碑营销的研究过程中，拟选择桂林为典型区域展开研究，对所选案例景区的网络游记文本数据进行具体分析，得到其网络口碑营销的现状。

6. IPA 分析法

IPA 分析（Importance-Performance Analysis），又称为重要性—绩效表现分析，其通过坐标轴的方式将研究对象的重要性和绩效情况展现出来，重要性列为横轴，绩效表现列为纵轴，并以研究对象的重要性、绩效表现评价之总平均值作为 X-Y 轴的分割点，从而将坐标轴分为四个象限，分别为继续保持区、急需改进区、不占优先区、锦上添花区。该分析法的原理是根据指标所处的象限来分析相关指标的当前情况，并从当前情况为评价对象的发展提出应对决策。

7. 多元统计分析法

多元统计分析法就是将多种数理统计分析方法结合到一起，对研究数据进行处理。本书在开展问卷调查的基础上，采用定量与定性相结合的研究方法，以 IBM SPSS Statistics 22.0 和 Excel 等作为数据分析工具，对问卷进行全面的统计分析。具体包括描述性统计分析、信效度分析、交叉分析、正态检验、独立样本 T 检验、秩和检验分析等；利用 Amos 软件构建结构方程模型，以最大似然法为估计方法进行验证性因子分析，从而进一步验证问卷的结构效度。

8. 模糊综合评价法

模糊综合评价法就是采用模糊数学对受到很多因素影响的对象做出一个总体的评价。该方法能够较好地解决复杂的、不清晰的问题，适合解决非确定性的问题。本书在进行广西旅游景区新媒体营销效果评价时，利用模糊理论建立多层次模糊综合评价模型，运用模糊综合评价和 AHP 分析等方法对广西旅游景区新媒体营销的效果进行具体分析，得出广西旅游景区新媒体营销效果的评价结果。

9. 内容分析法

内容分析法是通过对传播内容的文字信息、图片信息等进行客观、系统、定量的描述，把定性资料转化成直观的定量数据，然后进行系统化分析的一种研究方法。本研究采用 ROST CM 6 软件，即“火车头采集器”软件，通过互联网搜集游客网络游记，并统计各景区在游客网络游记中出现的频次，获得桂林市 A 级景区在游客网络游记中的口碑传播次数。

10. 网络爬虫方法

网络爬虫是一种信息抓取的程序，其可以实现互联网页面信息的抓取。爬虫程序主要的运作模式是不断重复“获取网页链接—从链接获取下一级地址”这一过程，最终将所需的网页内容全部抓取。本书通过编写抓取程序，借助网页中 URL 链式存储的特点，从携程网攻略社区的 URL 网址开始，获得初始网页上的其他 URL，并作相应的映射，创建下级线索，使其能够不断下载网页，并将下载的网页进行文件式保存，从而获得本书所需的游客网络游记文本。

11. 共词分析法

共词分析法利用词频统计的原理对文本当中共同出现的词汇或名词短语的次数进行统计，来描述词语之间关系紧密的程度，词语出现次数越多，则词语间的关系就越紧密。词频统计最为常用的软件是 ROSTCM6 内容分析软件，本书使用该软件对样本数据进行处理，以游客网络游记文本作为分析材料，统计各景区在文本中与其他景区共同出现的次数，形成旅游景区共现矩阵，然后借助社会网络分析工具 NetDraw 对景区共现进行描述，转换输出分析结果，形成旅游景区共现网络图。

12. 社会网络分析法

社会关系和社会结构是社会网络分析法的研究对象。在社会网络中，以行为者为单位，为了探讨各单位间的深层次关系，研究者需要通过社会网络分析法对各单位关系进行量化和可视化表达。本书中需要分析不同景区之间的联系，在共词分析的基础上，采用社会网络分析对景区间的关系进行量化分析，借助社会网络分析工具法 NetDraw 对桂林样本景区在网络口碑传播中的共现关系进行可视化表达。

本章小结

本章主要包括以下三方面内容：

首先，概括总结了本书的研究背景和意义。快速发展的信息技术不仅改变了人们的信息传播方式，也为企业的营销方式、渠道和内容带来了重大机遇与挑战；同时，景区数量的急剧增加和智慧旅游景区的建设要求，也使得旅游景区迫切需要新媒体营销。因此，本书不仅深化了旅游景区新媒体营销理论，还为旅游景区新媒体营销实践提供了指导和借鉴，具有极强的理论价值和实践意义。

其次，梳理了本书的研究思路和研究内容。将旅游景区新媒体营销划分为两种方式，一是旅游景区通过自建渠道直接参与的新媒体营销，二是旅游景区间接参与的新媒体营销，进而据此提出“基于自建渠道的旅游景区新媒体营销现状”“基于网络游记的旅游景区网络口碑营销现状”“旅游者旅游信息分享行为及其影响因素”“旅游者搜索旅游景区信息偏好与满意度”四个具体研究问题并对其进行深入研究，最终形成了本书的九章内容。

最后，针对研究内容和研究方法，绘制了本书的技术路线图，并介绍了本书采用的比较研究方法、案例分析法、IPA 分析法、多元统计分析法、模糊综合评价法、内容分析法、网络爬虫方法、共词分析法、社会网络分析法等研究方法。

第二章

国内外研究综述

上章阐述了研究背景、研究意义，介绍了研究内容、技术路线以及研究方法，展现了本书的整体概貌。在此基础上，本章将梳理旅游景区新媒体营销的国内外研究进展，以期为后续研究打下理论基础。

一、旅游新媒体营销研究综述

（一）新媒体和新媒体营销的内涵和特征研究

1967 年，美国哥伦比亚广播电视网（CBS）技术研究所所长戈尔德马克（P. Goldmark）率先提出“新媒体”（New Media）这一概念。经过多年研究，学者们认为新媒体是相对于报刊、广播、电视等传统媒体而言，以数字信息技术为基础，以互动传播为特点、具有创新形态的媒体，并将新媒体概括为网络媒体、手机媒体、互动电视媒体、车载移动电视、户外新媒体等。相较于传统媒体，新媒体具有受众广、跨时空、直观性和互动性强等特征。

将新媒体应用于旅游营销是旅游企业网络营销的最新发展阶段，与此同时，新媒体营销研究也开始受到学者们的广泛关注。新媒体营销的本质被认为是旅游企业运用信息技术，利用新媒体开展营销活动的方式、手段和过程。与传统媒体营销相比较，新媒体营销强调体验性、沟通性、差异性等方面，具有较强的互动性、快捷的传播速度以及低廉的成本等特点。

（二）新媒体营销对旅游决策行为的影响研究

旅游者在出发之前希望获取更多的信息用于旅游决策，因此，国内外学者对此展开了广泛的探讨。Simon Hudson 和 Karen Thal（2013）通过对旅游业所有部门的实例研究认为，新媒体从根本上改变了消费者的决策过程，并强调了营销人员在其中的重要作用。Benxiang Zeng 和 Rolf Gerritsen（2014）在分析旅游社交媒体出版物的基础上，认为新媒体对旅游业决策行为、消费互动等方面有着重要影响。柴海燕（2009）认为，一般情况下，消费者选择产品、进行决策时会受到网络口碑的影响。姚小云、尹华光（2011）以张家界为研究对象，探讨张家界借助电影《阿凡达》进行的旅游营销活动，认为游客旅游需求和动机的激发、旅游目的地的确定受影视营销的影响不大。周卫芳（2015）研究发现，前往横店影视城的旅游者大多数会选择景区官方网站、百度以及在线旅游代理商搜索相关旅游信息，预订时喜欢选择携程、淘宝、去哪儿、同程网等在线旅游代理商。

（三）旅游新媒体营销的现状和对策研究

新媒体在旅游企业营销中扮演的角色越来越重要，在不断变化的旅游市场中，旅游企业运用新媒体进行营销是其必然选择（王乐鹏等，2011；金涛等，2014）。学者们从旅游企业、旅游目的地、旅游产品等视角探讨了新媒体营销现状和对策。

在旅游企业新媒体营销研究方面，张珺、沈冬梅（2015）通过比较新媒体和传统媒体的优劣势，认为新媒体具有目标市场定位准确、反馈及时、参与度高等特点，基于此，为新媒体应用于旅游企业提出了相关的建议。张欣茹、邹亮（2015）等以大连圣亚海洋世界目前的网络营销状况为研究对象，分析了海洋世界网络营销存在的问题，提出了微博、微信等社交媒体营销、植入广告等网络视频营销以及口碑营销等相关建议。秦志红（2015）认为可以将新媒体和传统媒体有效整合，把北京的旅游景区进行整合营销，建议分别从传播媒体、传播内容、传播时机三方面入手，实现传播信息的一致化、资源的整合化、信息效益的最大化。

在旅游目的地新媒体营销上，李炳义（2014）认为，微博营销费用低、互动性强、交流方便、效率高，可以利用多渠道、立体化的科学营销手段来进行旅游目的地的营销。舒伯阳和马雄波（2015）通过分析国内外旅游新媒体营销的实践现状，提出国内旅游新媒体营销存在的问题，并从产品、营销、市场、管理、服务五个层面构建了旅游目的地新媒体的营销模式。

在旅游产品的新媒体营销方面，朱冰倩、陈能（2013）通过分析新媒体营销的概念和特点，结合大庆旅游纪念品的营销案例，认为通过搜索引擎营销、微博营销、网络视频营销等手段，可以有效推动旅游纪念品的营销。新媒体的发展也为乡村旅游产品的营销带来了机遇。可以通过多平台联合推介、创新体验营销、创新服务营销等新媒体营销手段，提高乡村旅游产品的影响力（余兵，2015）。

综合上述研究成果来看，新媒体和新媒体营销的内涵和特征研究已经较为成熟；新媒体营销对旅游决策的影响受到了认同；旅游新媒体营销的现状研究尚处于起步阶段，旅游景区新媒体营销研究非常薄弱，很少有学者对旅游新媒体营销的现实效果进行研究，这些有待进一步深入和系统化。

二、旅游网络口碑研究综述

（一）旅游网络口碑的内涵和特征研究

口碑是消费者之间利用口头语言进行的关于某个品牌、产品或服务的非商业的信息交流（Arndt，1967）。进入互联网时代后，口碑的传播方式发生了变化，网络逐渐成为人们进行口碑交流的主要方式。2004 年，Henning-Thurau 等（2004）正式提出了网络口碑的概念，他们认为网络口碑是由实际的或潜在的消费者在网络上发表的有关产品或公司的正面或负面的观点。Litvin 等（2008）则认为网络口碑是指与特定产品和服务，或使用过程中相关的信息，通过互联网直接在消费者之间进行的全部非正式的沟通。部分学者认为旅游网络口碑是指传播旅游信息的网络口碑，并将旅游网络口碑传播渠道分为网站、电子邮件及产品点评网站、博客、虚拟社区、论坛、即时通信等几大类（柴海燕，2013），且以此为对象进行了实证研究。

对于旅游网络口碑的传播特征研究，Qiuju Luo 和 Dixi Zhong（2015）将社交网站上的网络口碑传播看作一个基于用户社会关系的网络，运用社会网络分析方法，从自我和整个网络的角度考察了社交网站上相关旅游网络口碑的传播特点。研究表明，基于社交网络的相关旅游网络口碑通信依赖于现有的社会关系，这些关系可以分为强关系、中关系、弱关系。Stephen W. 等（2008）通过分析口碑营销的特点和传播方式，认为当口碑营销变得数字化时，通过互联网可以管理消费者对其他消费者可能产生的影响。此时，口碑营销可以成为一种潜在的具有成本效益的营销方式和旅游手段。同时，讨论了口碑营销中的技术和伦理问题。

（二）旅游网络口碑数据的来源和分析研究

网络口碑数据主要来自于网络游记、网络评论等文本信息和图片信息。对于网络口碑的文本数据，学者们采用了不同的分析方法，以便能达到更好的数据挖掘效果。周永博、沈敏等（2012）以苏州平江历史街区为研究对象，对相关的微博内容进行分词分析、词频分析和语义网络分析，最终得出文化遗产地游客的旅游感知构成。杨昆等（2013）对所采集到的游客网络游记进行语义网络分析，从认知构成、情感分析以及整体评价进行西藏旅游目的地形象研究。苗红等（2014）借助文本分析法对农业旅游景区基本信息和游客游记进行分析，得出该景区的旅游资源类型、旅游者在景区内的活动内容以及旅游者需求等特征。杨杨（2013）对妈祖文化主题网站的文本运用文本分析法中的相关技术进行分析，发现了不同地域文化遗产网络所展现的差异及产生该差异的原因。

对于旅游照片等图片信息，学者普遍使用 GIS 分析法、统计分析和模型分析法对旅游数字足迹进行相关研究，以便能够更加清晰地描绘旅游者时空旅游活动轨迹。杨兴柱等（2014）、李春明等（2013）对游客上传在 Panoramio 网站的图片进行挖掘，并借助 ArcGIS 空间分析法探索游客流向的热点（区）及游客的运动轨迹，分析游客的空间分布以及路径轨迹模式。Girardin 等（2008）使用标准差等统计方法计算得出景区门票销售数据、游客手机数据以及发布照片数据之间的关联度，对旅游者的行为规律进行定量分析。张维亚（2008）构建模型并发现信息交流技术显著影响游客的旅游目的地体验、旅游路线体验以及整体旅游体验。

（三）旅游网络口碑中的共现研究

普林斯顿大学对共现进行了明确的定义：从抽象名词的角度来看，可以将共现认为是同时发生的两个事物的当时属性；从普通名词的角度来看，共现指的是同时发生或有相互关联的事件或情形。从上述定义可以归纳出，共现的发生是基于事物间的相互联系，共现现象的产生是事物相互联系的外在表现。因此，我们可以通过共现分析来了解事物间的联系紧密程度和关联类型。基于现有研究，本书将景区共现定义为：在某一样本中同时出现对两个景区的描述。

共现分析在情报学领域的相关研究中的应用较为常见，学者通过分析特征词间的联系，厘清基本概念，从而更加深入地了解某一领域。在文本挖掘特征词的过程中，主要是从结构化数据的标题、摘要和全文，以及网页内容［社交网站（Chois et al.，2013）、企业网站（Uaughan L. 等，2010）、网页新闻（王小华等，2011）等］等非结构化文本数据中提取有意义的词来进行分析。王日芬等（2007）基于内容和外表两个层面的特性，通过实证研究探讨共现分析在文本挖掘中的应用。

旅游网络口碑中的共现研究相对较少。姚占雷等（2011）以游客发表在网络中的游记为研究对象，揭示了游记中华东地区首批国家 5A 级旅游景区的共现次数以及景区之间的共现关系。李娟等（2015）抓取西藏入境旅游者的博客文本数据，分析了热点地域的共现关系。布倩楠等（2015）以游客和上海政府旅游部门在有关网络平台上发布的游记和要闻动态为研究样本，通过景区（点）在研究样本中的共现次数分析不同景区（点）间的联动效应及在不同类型样本中的差异性。这些研究中都运用了社会网络分析法。

（四）旅游网络口碑对旅游者决策的影响研究

随着旅游网络口碑研究的深入，国内外学者探讨了网络口碑对旅游者消费意愿的影响。Mohammad Reza Jalilvand 等（2012），以伊朗为研究对象，借助于问卷调查，采用最大似然估计的结构方程模型对问卷结果进行了变量间关系的检验，实证结果表明，网络口碑对目的地形象、旅游态度和旅游意向有正向影响。2013 年，Mohammad Reza Jalilvand 等（2013）采取同样的方法，研究网络口碑与游客对旅游目的地的态度和旅游意图之间的关系，结果表明两者之间呈正相关。蔺国伟、白凯（2015）以潜在赴藏旅游者为研究对象，研究了网络口碑对其行为的影响，并构建了相关模型，研究认为网络口碑对潜在赴藏旅游者的从众行为影响显著。邱淑凤、张景（2017）以“李斯威尔模型”为研究模型，将网络口碑传播效果作为因变量，构建相关的概念模型，结果发现传递者可信度、信息质量、渠道权威性、接受者专业性都和网络口碑传播效果存在显著正相关关系，并在此基础上提出相关建议。周延（2018）从负面网络口碑入手，通过问卷调查和理论模型分析负面口碑对消费者旅游决策行为的影响，并提出降低负面网络口碑信息强度、建立网络口碑信息评估机制以及减少负面网络口碑数量等相关建议。

（五）旅游网络口碑的影响因素研究

旅游网络口碑的形成和传播过程受到多种因素的影响。Raffaele Filieri 等（2015）研究了消费者生成媒体（Consumer-generated Media）产生信任的前因和后果，认为消费者建立信任并进行口碑传播主要受五个因素——来源可信度、信息质量、网站质量、顾客满意度以及用户体验的影响。Qiang Yan 等（2018）研究了情绪对网络口碑平台的选择，统计分析表明，具有积极情感的游客倾向于在社交媒体上分享经验，而具有消极情感的游客更喜欢综合性旅游网站。研究结果还显示，在旅途中，正面情绪比负面情绪更频繁，而且男女的情绪大不相同。许亚元等（2015）通过对相关英文研究文献的内容回顾与模型梳理，从旅游者视角和旅游企业视角两个角度出发，研究了旅游网络口碑营销的影响因素，并构建了一个整合理论框架。张凤、周志宏（2016）通过分析国内旅游网络口碑的研究进展，讨论了游客旅游决策、旅游服务质量以及旅游营销策略如何影响旅游网络口碑，认为关于旅游网络口碑的探讨还应扩展、理论亟须深化、方法尚待完善。

综上所述，旅游网络口碑营销已经受到了学者们的高度关注，研究成果较为丰硕，包括旅游网络口碑的传播特征、旅游网络口碑对旅游者决策的影响、旅游网络口碑中的旅游景区共现、旅游网络口碑传播的影响因素等内容，但是对于旅游景区网络口碑营销的研究较少，且研究深度不够。研究样本数据来源主要以商家评价信息和问卷调查为主，以游记作为口碑传播的研究对象的系列研究较少。

三、基于朋友圈的旅游者分享行为研究综述

（一）旅游者分享行为的特征研究

旅游者分享行为的特征主要体现在分享内容、分享形式、分享平台、偏好差异等方面（王燕娇，2014；傅平、孟薇，2015）。在分享的内容上，学者们按照旅游六大要素“食、住、行、游、购、娱”将旅游者分享的内容进行划分。在分享平台的选择上，结合中国的实际情况，国内学者认为 OTA 网站、即时通信应用、虚拟社区是旅游者进行线上分享的主要渠道；

国外学者则从个人博客、在线相册、社交网络等方面进行分类（Iris Sheungting Lo et al.，2011）。在分享形式的研究上，根据我国分享平台的功能，国内旅游者的分享形式有文字、图片、视频、地理位置等；国外学者则对分享形式的具体内容进行剖析，认为可以从旅游者发布的旅游照片中获取旅游者的旅游行为偏好。在偏好差异研究上，年龄所带来的分享行为差异较为明显，不同年龄段的旅游者的微博使用行为的目的都是分享信息，但在使用的频率和停留时间上具有差异（钱颖等，2012）。李枫林等（2013）的研究发现偏好不同的信息搜索方式也会使分享意愿存在差异。

（二）旅游者分享行为的影响因素研究

通过整理旅游者分享行为的相关文献发现，与我国相关研究相比，国外对旅游者分享行为的影响因素的研究更为丰富，影响旅游者分享行为的因素主要有以下两个方面：

一是个人因素。行为的产生主体是人，因此旅游者的个人因素尤为重要。旅游者的个性特征、分享动机、分享能力和个人感知都对分享行为产生影响。Kyung-Hyan Yoo 和 Ulrike Gretzel（2011）研究个性对旅游自媒体创作的影响，结果表明旅行者的个性特征显著影响内容创作的感知障碍、自媒体创作的动机以及具体的创作行为。动机是引起行为的内在原因和动力。Yinghua Huang 等（2014）认为，利他主义和利己主义是人们进行分享行为的一般动机，主要分为寻求建议、信息传播、社交互动、友谊、享受、地位和个人收藏七个方面。阳震青和彭润华（2015）认为，旅游者个人的意向或动机、能力以及外在条件限制的共同作用诱发个人行为的产生。N. Chung 和 H. Lee（2016）将旅游者分享行为的目的分为任务相关目的（享受地理标签和利他主义）和自我相关目的（预期的外部奖励和被关注的愿望）。陈新华（2016）的研究发现旅游者个人的自我效能感知、知识水平、自我提升、利他主义、情感表达等对其个人在线评论分享行为有着显著的正向影响。王晓蓉等（2017）从旅游者的内在动机和外在动机出发，探讨内外在动机对分享行为的作用，检验了保护型和获得型面子倾向对分享动机与分享意愿之间因果关系的调节效应。

二是外在因素。旅游者的分享行为不仅会受到个体因素的影响，还会受到外在因素的刺激。如分享平台的功能、平台环境、旅游地的外在景观、产品质量、旅游经营者的物质奖励等。在旅游体验、产品质量研究方面，Soo Cheong Jang 和 Young Namkung（2009）运用刺激—有机体—反应框架来进行餐馆质量评估，认为餐厅氛围和服务作为刺激能够增强积极情绪，而产品质量则起到缓解消极情绪反应的作用，积极的情绪会调节餐厅氛围或服务质量和分享行为意图之间的关系。服务的失误会对旅游口碑产生负面影响，樊志勇和唐雪薇（2017）的研究发现旅游失误后的服务补救对旅游者正面分享意愿有显著的正向影响。在奖励和分享成本的刺激作用方面，Hennig-Thurau 等（2004）发现经济激励是导致电子口碑参与行为产生的主要因素。陈新华（2016）的研究认为分享成本对旅游者在线评论行为有着显著的负向影响。但也有相关研究表明物质奖励的刺激并不是越高越好，赵琴琴等（2017）的研究认为在有精神奖励的情况下，高水平的物质奖励对于旅游者再分享意愿的影响不如低水平物质奖励。在平台因素方面，Kang 和 Schuett（2013）基于社会影响理论，进行实证研究发现平台其他人员和平台理念价值是旅行者在社交媒体上分享他们旅行经历的关键因素。Bilgihan 等（2016）以社交网络平台为研究对象，构建了在社交网络平台下分享知识的意图模型，并进行检验，实证结果表明平台的易用性、内部诚信都积极影响知识共享行为。Ihsanuddin 和 Anuar（2017）的研究发现平台的可参与性对旅游照片分享意向和行为都具有影响。Okazaki 等（2017）认为社会互动关系在激励用户发表评论方面起着重要的作用。国内学者陈晔等（2018）以旅游虚拟社区用户为研究对象，从用户角度探讨平台的粘性对分享行为具有显著正向影响。

（三）基于微信朋友圈的分享行为研究

目前，微信朋友圈分享的相关研究主要从用户信息传播和用户自我展现两个方面进行。在用户信息传播分享方面，微信朋友圈用户自身的认知需要、情感需要、自我呈现需要和社会资本维系需要等会对传播行为产生影响。彭慧洁和朱君璇（2016）创新性地提出“用户接受阈值”以及关系动机，认为用户接受阈值和关系动机对信息传播的速度和广度有明显影响。王宏波（2017）的研究发现接收信息概率、免疫系数以及策略摇摆度等因素对微信朋友圈信息传播的影响。韩新明（2018）从发布者、接受者和内容三个方面，构建微信朋友圈信息传播模型，并证实用户转发行为对微信朋友圈信息传播具有影响。在用户自我展现行为方面，用户将微信朋友圈构建成社会化新场景（王小路、缪颖，2018）、自我展现的舞台（王玲宁、兰娟，2017），目前相关研究的对象以大学生为主，研究内容包括自我展现的内容、动机等。辛文娟等（2016）研究发现大学生在微信朋友圈中更倾向于发布积极、健康、向上的内容，并尽可能地弱化自身的不足。吴海婷（2017）研究发现价值认同动机、社会交往动机和自我倾诉动机是大学生在微信朋友圈中自我展现的主要动机，展现内容包括兴趣爱好、工作学习、情感情绪、观点态度、人际交往和形象身体等方面。荆玉梅（2017）认为，自我倾诉、自我满足、社会交往是微信朋友圈用户自我展现的动机，而内在表达欲求的释放、真实自我的后台寻求和自我认知的精神满足是自我表露动机的心理机制。

（四）基于微信朋友圈的旅游营销研究

随着移动互联网的发展和微信用户的增加，微信朋友圈广告在社交媒体上有着巨大的传播优势和传播潜力，学者开始关注微信朋友圈营销。目前，微信朋友圈营销的研究较少，研究的主要内容有微信朋友圈营销模式（徐西蒙、刘婷，2016）、营销策略（张琰等，2015）、营销思路（郭彦、孙明贵，2016）和营销的影响因素（张琰等，2015）等。同时，学者也开始关注微信朋友圈用户对朋友圈营销的接受行为，徐智和杨莉明（2016）认为微信这一社交媒体的广告效果要建立在互动的基础上，广告可以被用来促进朋友之间的社交互动，然后基于朋友间的社交互动来加深用户对广告的记忆和认知。杨萍等（2016）构建了微信朋友圈广告接受意愿模型，研究证明微信朋友圈用户的广告接受意愿受行为态度、主观规范、感知控制、娱乐性和信息性五个因素的影响，且行为态度起到部分中介的作用。邱爱梅和陈铭焜（2018）研究发现大学生对微信朋友圈广告的接受度不高，娱乐体验和广告态度对用户的行为意愿有显著影响。关于旅游微信朋友圈营销的研究并未形成体系，主要还是旅游微信营销，研究内容是旅游地形象（张朴宏、惠章银，2016），研究对象以乡村旅游目的地（胡芬等，2016）、旅游企业的微信营销为主。

综上所述，旅游者分享行为研究仍然处于基础阶段，学者们的研究并未真正从旅游者的特点入手，深入挖掘旅游者分享行为的特点。此外，不同的分享平台有不同的功能特点，旅游者分享行为的研究不仅要从分享主体的特点入手，还应该从分享媒介的特点来切入，系统分析旅游者分享行为的影响因素；然而，微信朋友圈等即时通信 App 刚刚兴起，现有研究对于即时通信 App 的研究尚处于起步阶段，根据微信朋友圈自身的特点，对旅游者分享行为的研究也非常少，都有待更深入地开展。

四、旅游者搜索旅游信息行为研究综述

（一）旅游者信息搜索动机研究

旅游者信息搜索行为的研究主要包括信息搜索动机和关注偏好研究。信息搜索动机是旅游者进行信息搜索行为的直接动力，因此国内外大多数学者对旅游信息搜索动机进行了广泛研究。Vogt 等（1998）将旅游者的信息搜索动机分为功能性、娱乐性、创新性、美学性以及符号性五个方面。McIntosh 等（1990）认为，优化旅游决策质量，减小不确定性是游客进行旅游搜索的主要动机。Childers 等（2001）将旅游搜索动机概括为功利性动机和享乐性动机两大类。Moe 等（2003）提出旅游搜索动机主要包括认识相关产品、建立信息库、感受旅游商品带来的乐趣三个方面。国内关于旅游信息搜索动机的研究较少，而且少有学者专门对搜索动机进行分类。胡兴报等（2012）通过问卷调查法进行分析，最终将网络旅游信息搜索动机划分为规划型、交易型、体验型、娱乐型和消遣型五类。国内大多数学者主要研究信息搜索行为特征以及信息搜索对决策的影响。刘春济、冯学钢（2013）利用 TAM、TPB 等相关模型对我国出境游客旅行前的信息搜索行为意向进行分析，发现游客对出行前信息搜索呈现积极或肯定的态度会极大推动其信息搜索行为意向，对搜索信息难易程度的判断、信息有用性的判断也在不同程度上影响游客出游的行为意向。刘慧悦（2017）以四川九寨沟为例，通过建立多元回归模型研究旅游信息需求的具体内容以及信息需求的时限效应，研究显示信息流与旅游流之间长期存在协整关系，旅游者在不同期限内对不同的旅游信息需求存在差异。吕兴洋等（2015）基于目的地形象理论，利用实验、访谈等多种方法，分析了在线信息搜索对旅游者目的地决策的影响，认为旅游者目的地决策过程主要是由多条广泛信息搜索路径和精细信息搜索路径组成的，旅游者在这两种路径中对目的地不断筛选，最终做出旅游决策。

（二）旅游者网络搜索旅游信息的偏好研究

旅游者旅游信息搜索关注偏好在一定程度上能够反映旅游者的潜在旅游消费，对于信息搜索关注偏好的研究，可以为旅游目的地以及旅游企业有针对性地进行旅游营销决策提供建议。Chu（2001）经过研究，将旅游者对于旅游网站内容的期望概括为三个方面：信息、互动、吸引。Jansen 等（2008）发现旅游者搜索的旅游信息，其中地理信息大约占比 50%，基础性的旅游相关信息占比不到 10%。Xiang 和 Pan（2011）基于 Excite、All The Web 和 Alta Vista 三大搜索引擎的统计数据，以美国 18 个旅游城市为例，研究发现在大型城市的旅游信息搜索中，住宿、交通、公园、景区等信息是旅游者搜索的主要内容，中小城市主要集中于特定景区以及旅游景点的搜索。杨敏等（2012）对大学生的在线旅游信息搜索行为进行研究时发现，大学生群体对信息的关注度依次为“游”“行”“住”“吃”“购”，对“娱”的关注度几乎没有。胡兴报等（2012）分别通过网络调查和现场调查进行研究，认为网络信息搜索内容主要包括三个层次，即核心旅游信息、辅助性旅游信息以及网络口碑信息，其中核心信息（主要包括“行”“住”“游”）是旅游者最常搜寻的信息内容。李君轶、杨敏（2013）研究在线旅游信息搜索行为模式，认为地名、门票、景点是旅游者进行信息搜索的主要关键词，旅游者对于旅游信息的需求仍处于低层次的基本需求，旅游者偏好于利用“目的地+搜索内容”的组合方式进行信息搜索。杨敏（2014）以北京、上海、西安、成都等八大旅游热点城市为研究对象，分析在线旅游信息关注度，发现旅游景点、地方特产的在线旅游信息关注度最高。周晓丽、李振亭（2016）以西安市为例，在研究百度指数的基础上，分析了在线旅游信息搜索内容的偏好。研究表明旅游者在线搜索旅游信息集中于天气、口碑和交通等基础性信息，缺少对高层次旅游信息的需求。此外，旅游者在线搜索内容关注偏好随着时间演变，在旅游中的不同阶段变化显著（周晓丽、李振亭，2016）。

（三）旅游者搜索旅游信息的满意度研究

旅游满意度研究是近年来国内外学者们关注的热点领域。目前，现有研究已经从旅游目的地、旅游景区等研究层面，旅游者、旅游地居民等研究视角，对旅游服务、旅游扶贫等方面展开了旅游满意度研究，并形成了较为丰硕的成果，其中 IPA 分析方法被广泛应用。然而，对网络搜索旅游景区信息的满意度研究尚未见到。

综上所述，旅游信息搜索行为的研究主要包括信息搜索行为和关注偏好研究。旅游信息搜索关注偏好和满意度的研究已经较为成熟，但是将旅游景区信息作为搜索对象的研究较少，这致使现有研究难以较好地指导实践。

本章小结

旅游新媒体营销、旅游网络口碑营销、基于朋友圈的旅游者分享行为、旅游者旅游信息搜索行为等方面的研究成果已经较为丰硕，为本书研究的开展打下了良好的基础，但是现有研究仍然存在以下不足：一是已有研究只对某一类新媒体渠道或营销方式进行关注，较少立足于旅游景区，全面、系统地总结旅游景区新媒体营销现状，并提出相应的策略；二是对旅游景区的新媒体营销现状，尤其是营销效果评价的研究非常薄弱；三是基于网络游记的旅游景区网络口碑传播现状和共现现象研究有待进一步深入；四是基于微信朋友圈等即时通信 App 的营销研究尚处于起步阶段，根据微信朋友圈自身的特点，对旅游者分享行为的研究也非常少，有待更深入地开展；五是对于旅游者旅游景区信息网络搜索偏好和满意度的研究非常缺乏。因此，本书将在后续章节对以上不足展开深入研究，以便进一步丰富旅游景区的新媒体营销理论体系。

第三章
旅游景区的新媒体营销概述

上章对旅游新媒体营销、旅游网络口碑营销、基于朋友圈的旅游者分享行为、旅游者旅游信息搜索行为等研究进行了梳理和总结，本章将在此基础上归纳新媒体和新媒体营销的内涵和特征，总结旅游景区新媒体营销的内涵、必要性和作用，探讨旅游景区新媒体营销的过程及其构成要素。

一、新媒体与新媒体营销的内涵和特征

（一）新媒体的内涵和特征

1. 新媒体的内涵

媒体（Media）一词来源于拉丁语“Medius”，它是一种渠道、载体或技术手段，主要作用是用来帮助人们进行信息传递和获取。自美国于 1969 年建成 ARPANET（阿帕网），人类开始进入互联网时代。继报刊、广播、电视等传统媒体之后，依托互联网的新媒体应运而生。美国哥伦比亚广播电视网技术研究所的戈尔德马克（P. Goldmark）最早提出“新媒体”（New Media）的概念。

随后国内外学者们展开了积极的研究，但对于新媒体的内涵存在不同的理解，主要包括两种观点：一种观点认为新媒体是基于互联网、无线通信等技术进步出现的新媒体形态，例如数字电视、数字杂志、数字报纸、移动电视、网络、桌面视窗、手机终端、触摸媒体等；另一种观点认为新媒体是一个相对于传统媒体的概念，是指有别于报刊、广播、电视等传统媒体形态，利用数字技术、网络技术、移动技术，以及电脑、手机、数字电视机等终端，进行信息传播的媒体形态。本书认同后一种观点，认为新媒体是相对于传统媒体而言的，主要是运用互联网或移动互联网技术，基

于电脑、手机等终端的新兴信息传播媒介。

随着信息技术的不断发展，各种新兴媒体不断出现，新媒体形式日益多样化。出于时间和精力的局限性，本书主要针对旅游景区营销中常见的新媒体形态，即基于互联网或移动互联网的官方网站、微博、博客、微信、网络社区等进行讨论。

2. 新媒体的特征

新媒体与传统媒体相比较，在信息发布主体、传播内容、主客体交互性以及传播范围、传播成本等方面具有其自身的鲜明特征，具体如下：

（1）信息发布主体广泛。传统媒体通常采用的是一对多的传播方式，新媒体传播则是多对多的传播方式。新媒体时代，不再是政府部门、大众传媒机构等发布信息，任何个人都可以成为信息发布者和传播者，迅速快捷地以多种方式向他人传播信息。

（2）传播内容丰富多样。由于个人都能够成为信息发布主体，传播的信息内容也趋向于多元化，从国计民生到柴米油盐都可以发布，形成了快捷、贴近生活的新媒体信息。此外，新媒体传播不仅包括了传统媒体的文字、音频内容，还可以将各种方式的内容加以整合，使传播的信息更加全面。

（3）传播主体与客体交互性强。传统媒体在进行信息传播的过程中，信息受众只能单方面地接受信息，缺乏信息沟通、反馈的渠道，新媒体的发展改变了这一单向信息传播模式。通过新媒体，信息发布者发布信息后，信息受众可以反馈信息，甚至还可以创造新的信息，信息发布者与信息受众能够实现双向交流和互动。

（4）传播范围广且速度快。基于数字技术和网络技术的特点，新媒体主要通过互联网或移动互联网传播，具有传播速度快、传播范围广的特点。新媒体的使用，使得信息的传播不受时间和空间的限制，实现实时传播，信息受众能够随时随地浏览到最新的信息。此外，随着网络的普及，信息传播的范围将越来越广泛。

（5）传播成本低。传统媒体中，报纸、杂志信息的传播依赖于纸张和印刷的价格，电视、广播信息的传播依赖于时间的占用，因此，信息传播的成本较高。新媒体的发展，摆脱了这些成本的约束，互联网背景下，信息的传播只需要最基础的网络技术，成本大大降低。

（二）新媒体营销的内涵和特征

1. 新媒体营销的内涵

近年来，快速发展的新媒体技术不仅逐渐改变了人类的生活方式和消费习惯，还拓展和丰富了企业的营销方式和手段。新媒体营销受到业界和学术界的高度重视，但是人们对新媒体营销的内涵尚未达成统一认识。本书认为新媒体营销具有广义和狭义两种内涵：广义的新媒体营销是指利用新媒体进行的所有营销活动的统称；狭义的新媒体营销是指利用新媒体进行的营销信息的传播活动。本书主要采用狭义的新媒体营销界定。

2. 新媒体营销的特征

新媒体营销与传统媒体相比较，其表现出较显著的特点，主要表现在以下几个方面（见表3-1）：

（1）营销方式多样化。新媒体营销的方式和内容多种多样，不仅仅依靠图像和文字。目前，新媒体营销的表现形式主要有搜索引擎、官方网站、微电影、微信、微博以及各类论坛等。相较于传统杂志、广播、电视等媒体，表现形式和宣传内容都更加多样和丰富。此外，新媒体营销方式柔和，多采用软文营销、广告植入等形式。对比传统媒体硬化营销的方式，新媒体营销以更加委婉的方式宣传信息，增加了用户的好感度和接受度，同时，这种方式更具有渗透力，能够潜移默化地影响用户的选择。

（2）营销模式双向化。传统营销的单向传播方式，在时间和空间上都受到了限制，信息更新不及时、沟通不顺畅都会影响营销效果。新媒体营销打破时空局限，为消费者和供应商提供了双向沟通的机会，让整个营销过程具有互动性。新媒体时代下，消费者在接收到营销信息后，可以借助多媒体手段，及时、实时与供应商进行沟通，获取更完备的信息。对于供应商而言，利用新媒体的及时性和互动性，可以通过对消费者反馈的分析，及时了解用户需求、更新产品，为消费者提供更好的产品和服务。

（3）营销范围全球化。相较于传统营销方式，新媒体营销不受地域的控制。信息的交流和传播随着互联网技术的全球化发展不断向外围传播，从而可以在全球范围内开展营销。传统的营销，信息的发布需要经过一个系统化的程序，审核要求严格，信息传播慢、更新反应迟、花费时间较长。新媒体的营销，信息传播速度快，发布和接收可以同时进行，可以实现与消费者点对点的精准营销。

（4）营销成本低廉化。传统营销方式的营销链很长，采用电视、广播等方式进行营销，需要进行一系列的策划，包括广告策划、电视广告、制作宣传片、宣传手册等，还需要有素质高的专业营销队伍，较高的人工费用和广告费用使得传统媒体营销成本较高。新媒体营销渠道多，互联网的使用、微博推广、微信营销以及论坛社区互动等方式，大大降低了人工成本和广告费用，使营销变得简单、快捷。除此之外，信息传播速度加快以及营销的互动性，使得供应商能够及时解决消费者的问题，提高企业营销效率，可以节约公司的推广成本，提高公司营销的投资回报率。

表 3-1　新媒体营销和传统媒体营销比较

类型	新媒体营销	传统媒体营销
营销方式	多元	单一
营销模式	双向	单向
营销范围	广泛	狭小
营销成本	低	高

资料来源：笔者整理。

二、旅游景区新媒体营销的内涵、必要性和作用

（一）旅游景区新媒体营销的内涵

“景区”被认为是旅游发展的重要组成部分，激励旅游者出游的最主要的因素。一直以来“景区”都是旅游学术界研究的重点。但是，国内外旅游学术界对于景区的基础研究很薄弱，对于“景区”内涵的深入探讨很少见到，致使“景区”概念的使用较为混乱（郭峦等，2008），要么强调能够满足旅游者需求或吸引旅游者，要么强调拥有景观或活动设施，尚未形成学术界一致认可的概念。

为了能够更好地服务地方经济，本书选择了《旅游景区质量等级的划分与评定》（GB/T 17775—2003）中的“旅游景区”定义。旅游景区实际

上是地理概念，其是一片区域，主要以旅游及其相关活动为主要功能。旅游景区是一个独立管理区，一般具备相应的旅游服务设施和提供旅游服务的能力，另外，具有参观游览、休闲度假、康乐健身等功能。该管理区应有统一的经营管理机构和明确的地域范围。包括风景区、文博院馆、寺庙观堂、旅游度假区、自然保护区、主题公园、森林公园、地质公园、游乐园、动物园、植物园及工业、农业、经贸、科教、军事、体育、文化艺术等各类旅游景区①。

旅游景区的新媒体营销则是指旅游景区利用新媒体进行旅游信息传播的活动，新媒体主要包括官方网站、博客、微博、网络虚拟社区、即时通信 App 等。

（二）旅游景区新媒体营销的必要性

1. 旅游产品特点迫切需要新媒体营销

旅游景区提供的旅游产品主要是特色景观以及配套的服务，它们都具有无形性和不可转移性的特点。这使得景区难以较好地展示旅游产品，激发旅游者的旅游动机；旅游者在购买前也无法对旅游产品有实在的感受，购买决策时更为谨慎。新媒体技术可以将声、形、光、色等融为一体，全面展示旅游产品，通过 3D 虚拟、全景透视等手段可以使消费者产生身临其境的感觉。这使旅游者在新媒体上获得的景区信息更加直观、丰富、生动，旅游景区营销效果更为有效。

2. 自助旅游快速发展推动新媒体营销

随着国民经济收入的不断增长、旅游需求的日益多样化和个性化，自助旅游发展非常迅速。旅游者自助前往旅游景区的需求，促使旅游景区提供包括食、住、行、游、购、娱等诸多方面的综合信息；自助旅游的人数少、多批次特点，也要求旅游景区必须有较强的信息处理能力。新媒体在传递信息方面具有传输量大、传播快速、价格低廉、信息准确的特点，推动了旅游景区在自助旅游发展中广泛采用新媒体营销。

3. 智慧景区建设倡导新媒体营销

智慧景区是传统景区与互联网的深度融合，是旅游景区发展的重要趋势。互联网时代，智慧景区已经成为我国多数旅游 A 级景区的建设目标。

---

① 引自《旅游景区质量等级的划分与评定》（GB/T 17775—2003）。

智慧景区目标旨在实现旅游景区服务的智慧化、营销的智慧化、管理的智慧化。依托互联网技术的新媒体营销是旅游景区营销智慧化的表现，是智慧景区建设的重要组成部分。目前，我国知名度较高的4A级以上景区都积极进行新媒体营销。

（三）旅游景区新媒体营销的作用

1. 塑造鲜明的旅游景区形象

塑造个性鲜明的旅游景区形象，是旅游景区营销的重要任务之一。随着信息技术的不断升级，新媒体营销涌现出更加丰富的形式、更加广阔的创新空间，可以将优质的内容、出色的创意与新型的技术完美匹配，塑造旅游景区的鲜明形象，彰显旅游景区的特色和价值，激发旅游者的动机，并在激烈的旅游市场竞争中获取竞争优势。

2. 全面呈现景区的旅游信息

旅游景区通过官方网站、微博、博客、微信等新媒体渠道，能够全面、详细、生动地展示旅游信息给旅游者。所呈现的旅游信息不仅包括吃、住、行、游、娱、购等要素信息，天气状况、电子地图等扩展信息，还包括旅游线路、旅游活动安排等组合信息。这都为旅游者的旅游购买决策和出行提供了帮助和指导。

3. 帮助旅游者获取和传播个性化信息

在新媒体环境下，旅游者不仅仅是简单地接受信息，还会创造和传播信息，而且其信息处理的自主性很强。旅游景区可以通过官方网站等途径，与旅游者交流与互动，帮助旅游者获取个性化的旅游信息。携程、马蜂窝等旅游网站为旅游者提供旅游游记发布的平台，且为旅游者发布旅游景区的个性化信息提供了途径，成为旅游景区信息传播的有效方式。

4. 实现旅游产品在线交易

随着我国互联网使用人数的快速增长，在线交易数量也逐日攀升，并逐渐成为一种生活方式和消费习惯。门票、住宿、餐饮、导游等预订成为旅游者出行必须做的前期准备。官方网站等新媒体营销渠道都运用了电子商务技术，为旅游景区提供在线交易功能。这使得旅游景区与旅游者之间的旅游交易更为快捷、方便。

三、旅游景区新媒体营销的过程及其构成要素

（一）旅游景区的两种新媒体营销过程

传播过程理论认为信息传播是传播者对信息进行加工，借助于某种渠道将信息传递给受传者并引起反应的过程。美国传播学家贝罗（D. Berlo）提出“信息来源—信息—渠道—受众”（Source-Message-Channel-Receiver）的传播过程模式，强调了“过程研究”的必要性和重要性。哈罗德·拉斯韦尔在 1948 年提出“5W”模式，认为传播过程由以下五个要素和过程组成：传播者（Who）、传播内容（What）、传播渠道（Which Channel）、受传者（To Whom）和传播效果（What Effect）。依据哈罗德·拉斯韦尔的“5W”模式理论，旅游景区的新媒体营销中，存在两种旅游景区的新媒体营销过程模式（见图 3-1、表 3-2）：

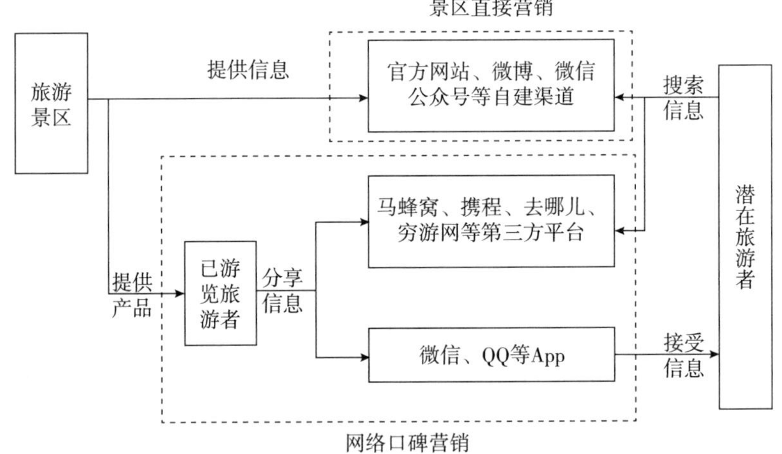

图 3-1 旅游景区的两种新媒体营销过程模式

表 3-2 旅游景区新媒体营销模式对比

比较内容	直接营销	网络口碑营销
景区参与度	直接参与	间接影响
营销主体	旅游景区	已游览景区的旅游者
营销受众	潜在旅游者	潜在旅游者

续表

比较内容	直接营销	网络口碑营销
营销渠道	官方网站、微信公众号、微博等自建渠道	马蜂窝、携程等第三方平台； 微信、QQ 等即时通信 App
营销形式	文字、图片、视频、虚拟仿真、弹窗、链接等	文字、图片、视频为主
营销内容类型	景区各种相关信息	游览景区经历和评价
营销内容质量	较客观、全面	主观性较强、偏好显著

资料来源：笔者整理。

一是旅游景区通过自建渠道直接参与的新媒体营销过程，旅游景区是营销主体，景区信息是营销内容，潜在旅游者是营销受体，旅游景区利用自己在新媒体上建立的官方网站、微信公众号、微博为潜在旅游者提供景区信息；潜在旅游者根据自身需要搜索所需要的景区信息，旅游者对景区信息质量的评价是营销效果。

二是旅游景区间接参与的新媒体营销过程，也称为网络口碑营销过程，旅游景区为旅游者提供景区产品，已经游览景区的旅游者成为营销主体，他们将已游览旅游者所撰写的景区出行经历和评价等信息，即营销内容，发布在马蜂窝、携程等第三方平台，或者微信、QQ 等 App 上，作为营销受体的潜在旅游者通过接受或搜索获取，旅游者对网络口碑的认可度是营销效果。

（二）新媒体营销中的旅游景区

本书中新媒体营销的旅游景区主要是指 A 级旅游景区，尤其是 4A 级以上旅游景区。对于 A 级旅游景区的划分，1999 年国家旅游局出台了《旅游区（点）质量等级的划分与评定》。根据旅游景区质量等级划分标准，旅游景区分为五级，从高到低依次为 5A、4A、3A、2A、1A 级。2001 年，首批 187 家旅游景区获得国家 4A 级旅游景区称号，这标志着 A 级旅游景区在中国的正式出现。近年来，随着我国旅游产业的蓬勃发展，旅游景区作为旅游业龙头，数量不断增长，质量逐年提升。截至 2017 年，全国已经拥有 A 级旅游景区 10806 家，其中 5A 级旅游景区 250 家。

表 3-3 2017 年全国各地区 A 级旅游景区总数

	A 级景区总数	5A 级景区	4A 级景区	3A 级景区	2A 级景区	1A 级景区
总计	10806	250	3272	4815	2358	111
北京	249	7	71	119	45	7
天津	108	2	31	52	23	0
河北	403	9	114	131	148	1
山西	172	7	91	53	19	2
内蒙古	374	4	117	114	138	1
辽宁	454	5	115	254	72	8
吉林	238	6	57	93	68	14
黑龙江	410	5	108	149	129	19
上海	99	3	50	46	0	0
江苏	630	23	190	224	193	0
浙江	700	16	195	337	143	9
安徽	586	11	188	258	127	2
福建	280	9	90	155	26	0
江西	357	10	121	176	50	0
山东	1173	11	215	567	376	4
河南	412	13	146	163	89	1
湖北	371	10	130	182	47	2
湖南	389	8	99	249	31	2
广东	340	12	172	140	16	0
广西	422	5	173	230	14	0
海南	54	6	17	24	7	0
重庆	223	8	83	78	52	2
四川	492	12	208	148	122	2
贵州	255	5	95	139	16	0
云南	231	8	71	63	81	8
西藏	115	4	12	45	38	16
陕西	418	8	104	260	44	2
甘肃	274	4	78	109	81	2
青海	109	3	24	63	19	0
宁夏	73	4	17	32	20	0
新疆	395	12	90	162	124	7

资料来源：根据《2018 年中国旅游统计年鉴》整理。

（三）新媒体营销过程中的旅游者

旅游景区新媒体营销过程中涉及的旅游者包括已经游览过旅游景区的旅游者和计划通过新媒体营销渠道获取旅游景区信息的潜在旅游者。对这二者的分析，可以通过对网民和旅游者的分析来进行。

一是规模不断扩大的中国网民。根据我国互联网信息办公室发布的《第 43 次中国互联网络发展状况统计报告》，经过 10 年的发展，我国网民规模和互联网普及率保持着长期、持续、快速的增长。从 2009 年 12 月到 2018 年 12 月，我国网民规模从 3. 84 亿人发展到了 8. 29 亿人，互联网普及率从 28. 90%达到 59. 60%，手机网民规模从 2. 33 亿人发展到 8. 17 亿人，网民中使用手机上网的比例也从 60. 80%增长到 98. 60%（见图 3-2、图 3-3）。相关数据显示，我国已经形成了庞大的新媒体营销受众群体①。

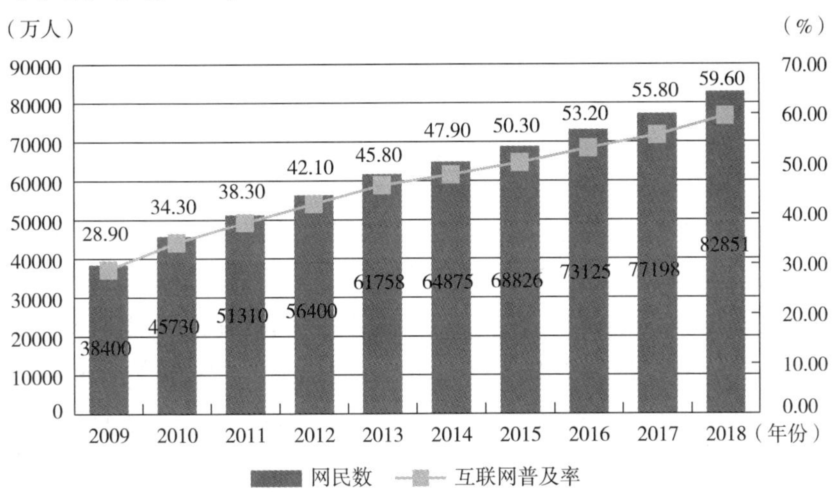

图 3-2　网民规模和互联网普及率

资料来源：《第 43 次中国互联网络发展状况统计报告》。

二是中国旅游者人数持续增长。2018 年，我国国内旅游市场高速增长，国内旅游人数达 55. 39 亿人次，比上年同期增长 10. 8%，成为世界上拥有国内游客数量最多的国家。随着中国经济与国民收入的增长，旅游已经不再只是特定阶层和少数人的享受，已逐步成为国民大众日常生活常态

① 数据来源于《第 43 次中国互联网络发展状况统计报告》。

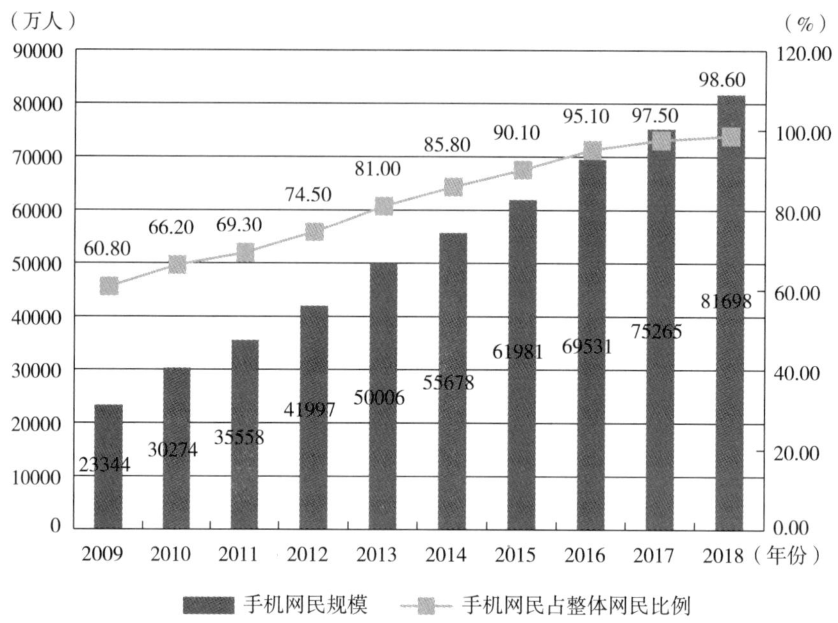

图 3-3　手机网民规模及其占网民比例

资料来源：《第 43 次中国互联网络发展状况统计报告》。

化的生活选项。近 10 年来，中国国内旅游者人数持续增长。从 2009 年的 19.02 亿人次增长到 2018 年的 55.39 亿人次，增长了近 2 倍（见图 3-4）。这一增长趋势，推动中国社会步入大众旅游时代和国民休闲新阶段。随着国民大众休闲度假需求的快速增长，未来国内旅游人数将持续增长①。

中国网民和旅游者不仅规模较大而且还在持续增长，旅游景区新媒体营销中的旅游者既是网民也是旅游者，具有一个庞大的规模，并有望持续增长。

（四）旅游景区新媒体营销的主要渠道

1. 官方网站

官方网站是旅游景区体现其意志想法，公开信息，并带有专用、权威、公开性质的一种网站。这些官方网站具有以下特征：①权威性。官方网站是旅游景区认证的唯一的网站宣传渠道，具有唯一性、权威性，信息的可信度和公信力更高。②全面性。官方网站能够较深入地提供旅游景区

① 数据来源于《2018 年中国统计年鉴》。

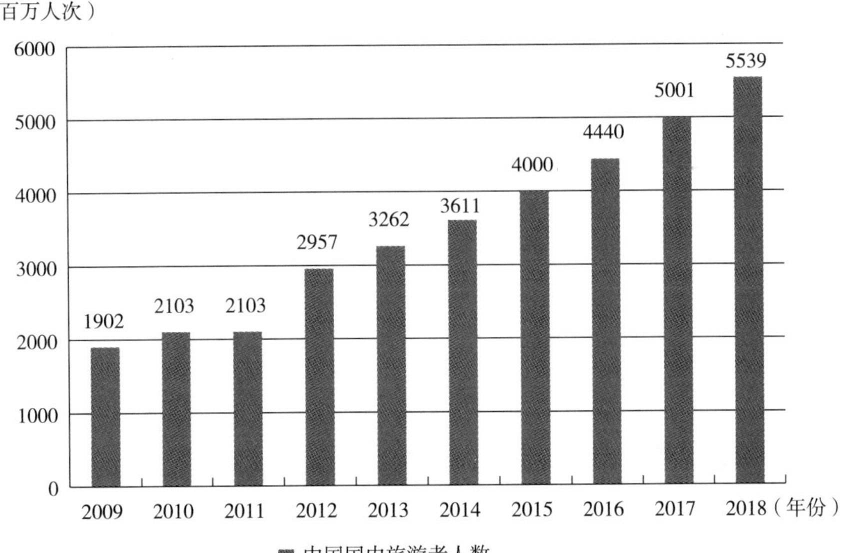

图 3-4 2009~2018 年中国国内旅游者人数

资料来源：《中国统计年鉴》（2018）。

的各种信息，并且能够较好地凸显旅游景区的特色或个性，塑造旅游景区的鲜明形象，全方位展现旅游景区的风采，实现信息全面、渠道稳定、宣传到位的新媒体营销。

官方网站是旅游景区营销最为重要的途径。大多数旅游景区，如故宫博物馆、黄山风景区、长龙度假区、九寨沟景区等，都进行了精心的官方网站建设，如表 3-4 所示。这些官方网站内容丰富，对景区的交通、地图、票务等情况均有详细的介绍，为旅游者出行提供了帮助。

表 3-4 部分 5A 级景区的官方网站基本情况

序号	旅游景区	官方网站	网站内容
1	故宫博物院	www. dpm. org. cn	故宫的开放时间、票务、地图、全景虚拟游览、展览、学术、文创等
2	黄山风景区	hsgwh. huangshan. gov. cn	黄山景区的旅游线路推荐、旅游服务、优惠政策、新闻咨询等

续表

序号	旅游景区	官方网站	网站内容
3	长隆度假区	www. chimelong. com	长隆度假区的主题乐园、演艺、度假酒店、主题活动以及网上预订等
4	九寨沟景区	www. jiuzhai. com	九寨沟景区的景区概况、旅游产品、票务信息、住宿推荐、新闻等

资料来源：笔者整理。

2. 官方博客

“博客”一词来源于“Blog”，又被译为网络日志、部落格等，是“博主”个人管理、发布信息的平台，博主通过原创专业化的内容实现知识分享，从而获得话语权，建立个人的品牌，成为某一领域的“意见领袖”。

博客营销具有自身的特点，具体如下：①信息双向传递。博客是开放性的，不存在进入壁垒。博客文章不仅可以供用户浏览，还可以让用户自由评论，博主也能进行回复，实现了信息的双向传递，为用户提供了相互交流的机会。②信息宣传形式多样。相比于传统纸质媒体，博客文章的内容灵活，随笔、说明文、记叙文均可包含，还可以通过添加图片、背景音乐、视频等丰富完善信息。③宣传成本低。在网络上创建博客、发布博客文章都是免费的。

我国现在很多门户网站和行业网站上面都有博客功能，常见的有新浪、网易、搜狐、百度、51. com、天涯、豆瓣等博客平台。相当数量的旅游景区通过建立自己的博客网站，塑造旅游景区品牌，宣传旅游景区形象，发布旅游景区信息，吸引旅游者关注。例如，四川峨眉山景区、湖北黄鹤楼景区等就建立了新浪博客。

3. 微博

微博（Micro-blogging），又称微型博客、即时博客。微博与博客的区别有三个方面：一是在字数限制方面，微博字数限定在 140 字以内，方便手机发布和阅读，博客没有限制，主要在电脑上发表和阅读；二是在阅读方式方面，微博互动性强，别人的微博内容可在自己页面上查看，博客的阅读方式较为烦琐，需要主动去他人首页进行查看；三是在传播途径方面，微博可以通过粉丝转发来传播，博客依靠的是第三方网站的推荐来传播。

微博营销具有如下特点：①成本低，易操作。微博账号的创建、信息的发布都是免费进行的，最常见的营销活动是通过关注或者转发微博参加抽奖的活动。这样的活动营销成本低廉、回报高，而且营销的效果远大于传统营销方式。②时效性、互动性强。微博博主不仅可以在电脑上发布微博，还可以在手机上随时随地发布博文信息，同时关注者也可以随时了解到微博的最新动态，实现了景区营销的“一对多”。③传播范围广。微博设置的关注、转发以及评论等功能，有利于旅游景区信息的广泛传播。

从数量上来看，建立微博的旅游景区多于建立博客的旅游景区。江西龙虎山、河南嵩山少林寺、福建武夷山、四川都江堰等许多旅游景区都建立了自己的微博，进行新媒体营销。2018 年 12 月，新浪旅游、微博旅游还在北京主办了“2018 不止旅行微博旅游 V 影响力盛典”，在微博大数据的综合计算上，评出了“微博 2018 最受关注的十个景区”，这十个景区分别为：乌镇、武当山景区、武隆景区、台儿庄古城、三亚亚龙湾热带天堂森林公园、长白山、宝华山千华古村、宏村景区、峨眉山、华侨城。

4. 微信

微信是腾讯公司 2011 年推出的提供即时通信服务的免费应用程序，也是一款使用较为广泛的即时通信 App（Application program）。“互联网+”时代下，微信多样化的功能、强大的社交关系、精准的目标定位，使其成为现阶段最活跃的即时通信工具，也成为集交流、资讯、搜索、娱乐、电子商务、办公协作和企业客户服务等为一体的综合化信息平台。

微信营销具有以下特点：①营销成本低廉。报纸、电视、广播宣传等传统的营销方式需要耗费大量的人力、物力、财力，而微信营销只需要借助微信平台进行信息推送，整个过程只产生很低的流量费用。②营销形式多样。微信平台不仅提供了文字、图片、语音、视频等信息展现功能，还提供了微信公众号推送、微信朋友圈转发以及联系人一对一形式发送等信息传播方式。③实现多元互动。微信好友集中了 QQ 好友、手机通讯录的人际关系，还能通过扫一扫、摇一摇、附近的人以及漂流瓶等功能的设计，建立起与陌生人的交流互动，实现人们在人际网络中的多层交互。

正因为微信强大的功能，越来越多的旅游景区开始通过建立自己的微信公众号来进行新媒体营销。2017 年安徽省旅游发展委员会还在安徽旅游互联网大会上，发布了安徽省“十佳旅游景区微信公众号”（见表 3-5）。此外，旅游景区还可以通过“集赞换礼”等活动，借助旅游者在微信朋友圈的分享行为，进行网络口碑营销。

表 3–5 安徽省十佳旅游景区微信公众号

获奖单位	景区微信公众号
黄山旅游发展股份有限公司	黄山
安徽九华山旅游发展股份有限公司	九华山旅游 603199
亳州博物馆	亳州市博物馆
安徽天柱山旅游发展有限公司	安徽天柱山
九华山风景区	智慧九华山
华强方特（芜湖）文化科技有限公司	芜湖方特旅游区
黄山风景区管理委员会	中国黄山
禅源太湖旅游区管委会	禅源太湖旅游区
黄山市徽州唐模旅游发展有限公司	唐模
亳州市文化旅游发展有限公司	畅游亳州

资料来源：引自 www. ibw. cn 上 2017 安徽旅游互联网大会获奖名单。

5. 网络社区

网络社区，又称为虚拟网络社区，它是在 BBS（电子公告栏）的基础上发展而来的一个新生事物。今天的网络社区是指用户以互联网为平台，通过在线聊天室、网络论坛、贴吧等各种形式构成的，可以打破时间与地点的限制，自由地进行信息的沟通、交流与分享的虚拟化社区。

网络社区营销具有以下特点：①互动性强，交流便捷。在网络社区平台上，旅游信息发布者和接受者可以通过发布、评论、回复、转发与点赞等方式，实现信息的交流与共享。②传播速度快、范围广。发表在网络社区内的关于旅游景区的正面或负面信息可借助于互联网平台实现迅速扩散，形成爆炸式的二次传播，传播速度和范围呈“几何倍数”的增长。

近年来旅游景区也关注到网络社区营销的重要性。相当数量的旅游景区在携程网、马蜂窝、去哪儿网等网络社区内注册官方账号或委托平台发布景区简介、游玩攻略等，并对用户留言进行解答、回复，阅读量和点赞量越高则证明营销效果越好；一些专业写手和已游览过的旅游者也会出于物质回报或社交目的，将自己的游记或游玩感受发表在旅游网络社区内，对此景区有兴趣的潜在旅游者可以免费查阅，从而获取所需旅游信息。

本章小结

本章通过文献研究方法和比较研究方法，勾画出旅游景区新媒体营销的概貌，为后续的深入研究提供铺垫，其具体内容包括：①从理论上归纳出新媒体与新媒体营销的内涵和特点，从营销方式、营销模式、营销范围和营销成本四方面对新媒体营销和传统媒体营销作了比较分析，提出旅游景区进行新媒体营销的必要性和作用。②旅游景区的新媒体营销过程可以划分为两类：一是旅游景区通过自建渠道直接参与的新媒体营销过程；二是旅游景区间接参与的新媒体营销过程，主要指网络口碑营销过程。这两种营销模式在景区参与度、营销主体、营销受众、营销渠道、营销形式、营销内容类型和营销内容质量等方面各有不同。③旅游景区新媒体营销的主要渠道有官方网站、官方博客、微博、微信、网络社区等。其中，官方网站已经成为知名旅游景区最为重要的营销途径；由于微博、微信等其他社交工具的建设成本低廉，大多数旅游景区都开始建立自己的官方微博和微信公众号，进行网络营销；网络社区、微信朋友圈等为旅游景区的网络口碑营销提供了途径。

第四章

旅游景区自建新媒体渠道的营销现状：基于广西的实证研究

本书第三章描绘出了旅游景区新媒体营销体系的概貌，认为官方网站、官方博客、官方微博、官方微信公众号等自建新媒体渠道，已经成为旅游景区新媒体营销的重要渠道。本章选取广西 A 级旅游景区作为具体研究对象，对其自建新媒体渠道的营销展开研究，以期深入了解旅游景区自建渠道的新媒体营销现状。

一、广西旅游景区自建新媒体渠道营销的基本情况

（一）广西旅游景区的基本情况

广西是中国发展旅游业较早的省份之一。广西景区建设开始于桂林，并且年代较早。南朝时就曾开发独秀峰，唐朝建设了南溪山、隐山、叠彩峰、七星岩等景区，明清时期兴建了靖江王城、靖江王陵、雁山公园等。新中国成立后，广西先后开发了南宁、桂林、凭祥、柳州等地的旅游景区。改革开放后，随着广西旅游业的迅速发展，广西旅游景区数量不断增长。截至 2017 年底，广西 14 个地市共拥有国家 A 级旅游景区 422 家，其中有 5 家 5A 级、173 家 4A 级、230 家 3A 级和 14 家 2A 级。为了方便统计，本书从地理空间角度，将其划分为 4 个旅游区：桂北旅游区（桂林、柳州和来宾）、桂南旅游区（南宁、钦州、防城港、北海和崇左）、桂东旅游区（玉林、贺州、贵港和梧州）和桂西旅游区（百色和河池）。各旅游区所含 A 级旅游景区数量如表 4-1 所示。

表 4-1　各旅游区 A 级旅游景区数量

旅游景区级别	桂北旅游区	桂南旅游区	桂西旅游区	桂东旅游区
5A	4	1	0	0
4A	55	64	25	29
3A	68	79	28	55
2A	4	3	6	1
总计	131	147	59	85

资料来源：笔者整理。

就地市而言，桂林旅游在海内外享有盛名，桂林景区总数最多，共有56家，而且5家5A级景区，有4家就在桂林；其次是南宁市，共有46家，其中包括1家5A级景区；第3名是柳州，共有45家景区。南宁、桂林和柳州的景区数量较为密集，并且拥有的景区数量相近。防城港仅有12家A级旅游景区，是总数最少的城市；贵港只比防城港多1家，一共有13家。与前3名的城市相比，其他11个城市的景区数量在12~35家之间，具有较大差距。

（二）广西旅游景区新媒体渠道的自建情况

广西文化和旅游厅非常重视新媒体营销体系的建设。在其发布的《广西壮族自治区旅游业发展“十三五”规划》中就明确提出“运用微博、微信、微站、微店、App等新技术，创新旅游网络营销模式，构建多角度旅游营销平台”。广西的许多旅游景区经过多年的努力，也纷纷建设了官方网站、官方微博、官方微信公众号等新媒体渠道。

为了进一步深入研究，本书选取了漓江景区、德天大瀑布景区、黄姚古镇、百色起义纪念馆、北海银滩景区、桂林乐满地六个不同类型的景区作为具体研究对象，采用案例分析法和对比分析法相结合的方法，尝试分析自建新媒体营销渠道的基本情况。

如表4-2所示，广西旅游景区建设的新媒体营销渠道主要包括官方网站、博客、微博、微信等，但是并非所有旅游景区都会同时使用这几种营销渠道。在这六个案例景区中，黄姚古镇和桂林乐满地两个景区非常重视线上营销平台的运用，将官方网站、官方博客、官方微博和微信公众号都运用到了营销平台的建设之中，而百色起义纪念馆在新媒体的运用上最不全面，仅以微信公众号作为新媒体营销的平台。漓江景区、德天大瀑布景区和北海银滩景区等以“一微一网”营销、“两微”营销等新媒体营销组合作为线上营销平台。微信公众号是普遍使用的新媒体营销渠道，六个景区都建设并使用了微信公众号，官方博客是运用最少的新媒体营销渠道，仅有黄姚古镇、桂林乐满地建设并使用。

表 4-2 旅游景区自建新媒体营销渠道使用情况

	官方网站	官方博客	官方微博	官方微信公众号
漓江景区	www. liriver. com. cn	—	—	漓江风景区
德天大瀑布景区	—	—	德天旅游	德天跨国大瀑布景区
黄姚古镇	www. huangyao. cn	http：//blog. sina. com. cn/u/2150476114	黄姚古镇景区	贺州黄姚古镇景区
百色起义纪念馆	—	—	—	百色起义纪念馆
北海银滩景区	www. bhyintan. com	—	—	北海银滩
桂林乐满地	www. merry-land. com. cn	http：//blog. sina. com. cn/u/2829904260	桂林乐满地度假世界	桂林乐满地度假世界

注：“—”代表“无”。
资料来源：笔者整理。

（三）广西旅游景区自建新媒体渠道的运行情况

1. 官方网站的运行情况

按技术出现的时间先后顺序来说，官方网站是最早被用来作为营销平台的新媒体之一。尽管如此，所选的六个案例景区中只有漓江景区、黄姚古镇、北海银滩景区和桂林乐满地有官方网站。

本书通过 Alexa 网查询四个旅游景区官方网站的相关使用指标。如表 4-3 所示，单从漓江景区和黄姚古镇来看，旅游景区的全球排名、访客排名较低，日均 UV 与日均 PV 数量较少。北海银滩和桂林乐满地由于数据极少，不足以形成相关的统计信息。从目前情况来看，旅游景区的官方网站并未得到很好的关注。

表 4-3　各官方网站使用的基本情况[①]

	全球排名	访客排名	日均 UV[②]	日均 PV[③]
漓江景区	12757869	14743185	32	—
黄姚古镇	2280928	2643364	320	1000
北海银滩景区	—	—	—	—
桂林乐满地	—	—	—	—

注：各项指标均为 3 月平均，“—”代表“无”。

资料来源：Alexa 网。

2. 博客的运行情况

与官方网站相比，我国旅游景区对博客的应用相对较少。在六个旅游景区中，仅有黄姚古镇和桂林乐满地开通了官方博客。如表 4-4 所示，黄姚古镇虽已开通博客，但并没有对博客进行很好的利用。而桂林乐满地博文较多，主要是以优惠活动和园区特色活动的宣传为主。

表 4-4　各景区博客使用的基本情况

	博客访问数	博文数	开通博客时间
黄姚古镇	63	2	2012. 07. 14
桂林乐满地	3361	86	2013. 11. 04

注：本表相关数据截止到 2018 年 7 月 13 日。

资料来源：笔者整理。

3. 微博的运行情况

微博的兴起比微信早，我国有相当数量的旅游景区利用微博进行营销。从所选的六个案例景区来看，微博作为营销平台的使用并不是很多，只有一半的景区开通了新浪微博，分别为“德天旅游”“黄姚古镇景区”和“桂林乐满地度假世界”。如表 4-5 所示，从微博粉丝数量来看，黄姚古镇粉丝最多，其次是桂林乐满地景区，德天瀑布的粉丝数与其他两个差距较大，只有 1970。但从发布的微博数量来看，截至 2018 年 7 月 13 日，

① 本表数据检索日期为 2018 年 7 月 13 日。

② UV 为独立访客，计算方式为一个客户端一天内多次访问都计为一次。

③ PV 为访问量，计算方式为用户每次刷新或点击即被计算一次。

桂林乐满地发布的微博数量最多，其次是黄姚古镇和德天瀑布。从各微博注册时间来看，桂林乐满地开通时间较晚，但其发布的微博数量较多，结合三个景区微博发布的内容来看，在微博上的营销主要以突出景区活动为主。桂林乐满地是以娱乐为主的主题公园，相比自然类和人文类景区来说，每年活动主题较为丰富，其特色主题活动是吸引游客的关键。

表 4-5　各景区微博使用的基本情况

	粉丝数	微博数	最新微博发布时间	注册微博时间
德天旅游	1970	1044	2018. 02. 13	2011. 06. 14
黄姚古镇景区	11901	1426	2018. 07. 09	2011. 05. 30
桂林乐满地度假世界	7010	1603	2018. 05. 26	2012. 06. 29

注：本表相关数据截至 2018 年 7 月 13 日。
资料来源：笔者整理。

4. 微信公众号的运行情况

微信是继微博之后兴起的新媒体，已经成为许多旅游景区无处不在的营销利器。本书中所选择的六个案例景区均有自己的微信公众号，为了能够客观地判断各公众号的使用情况，本书通过新榜网收集相关信息来对各微信公众号进行比较分析（见表 4-6）。

表 4-6　各微信公众号使用的基本情况①

	预估活跃粉丝数	收藏数	最新推文发布时间②	发布篇数	累计阅读数	累计点赞数	单日最高新榜指数
漓江风景区	13537	3	2018. 01. 26	—	1920	9	—
德天跨国大瀑布景区*	—	—	2017. 06. 01	—	198	3	—
贺州黄姚古镇景区	4438	2	2018. 07. 10	133	12 万	1424	639. 12

① 本表主要以新榜统计的 2017 年数据为主。
② 最新推文时间截止日期为 2018 年 7 月 13 日。

续表

	预估活跃粉丝数	收藏数	最新推文发布时间	发布篇数	累计阅读数	累计点赞数	单日最高新榜指数
百色起义纪念馆*	—	—	2018.07.04	—	120	12	—
北海银滩	3074	1	2018.07.12	130	6万	705	494.49
桂林乐满地度假世界	9490	4	2018.07.04	114	11万	665	597.69

注：带“*”号表示加入新榜时间短或未加入新榜的公众号，“—”代表“无”；本表相关数据截止到2018年7月13日。

资料来源：笔者整理。

新榜是国内领先的，以内容营销服务、内容创业服务、内容数据服务为业务主体的服务平台。该服务平台提供微信公众号内容数据价值评估，客户从中可以获取相关微信公众号的价值数据，来判断某一个微信公众号是否有营销价值。在查询的过程中发现，新榜网中并非包含所有的微信公众号，只有已经加入了一段时间的公众号才能获取相应的评价信息。根据搜索发现，漓江风景区和德天跨国大瀑布景区加入到新榜当中的时间较短，而百色起义纪念馆未在榜中，因此对于这三个公众号的相关数据均以最近推文为主，另外三个公众号的相关信息以新榜中2017年的统计数据为主，详见表4-6。

如表4-6所示，从最新推文发布时间来看，德天跨国大瀑布景区的最新发文时间最为久远，为2017年6月1日，已经超过一年多未进行文章推送，在微信中搜索相关公众号发现“德天跨国瀑布景区”“德天跨国瀑布群景区”等公众号；其次，漓江风景区已有半年没有更新，但其最新一篇推文的阅读量和点赞量均比德天瀑布的高。从预估粉丝活跃数来看，除了德天瀑布和百色起义纪念馆之外，其他四个公众号均有预估粉丝活跃数，从高到低依次是漓江风景区、桂林乐满地度假世界、贺州黄姚古镇景区、北海银滩，漓江风景区的粉丝远大于其他三个，虽然其发文量较少，但其自身的品牌效应吸引着广大的旅游消费者。新榜指数是反映新媒体主体的热度和发展趋势的指标，它的推出是基于海量数据、用户深度反馈及专家建议，用于衡量中国移动互联网渠道新媒体，即微博、微信和客户端的传播能力。从 2017 年单日最高新榜指数可以看出，黄姚古镇的热度最高，其次是乐满地，最后是北海银滩。

（四）广西旅游景区自建新媒体渠道的营销内容情况

根据以往学者的研究，游客一般关注的信息包括景区介绍、景区地图/交通信息、住宿信息、餐饮信息、娱乐项目及相关活动、价格信息、土特产/纪念品购物信息、天气状况、当地文化、景区联络或投诉电话、网友评价信息等。下文按不同营销渠道的信息展示内容情况进行总结和分析。

1. 官方网站的营销内容情况

官方网站是一个信息较为详尽的新媒体营销渠道，其包含了旅游景区方方面面的信息。在六个案例景区中，除了德天瀑布景区和百色起义纪念馆没有网站之外，其他四个景区均开通了网站服务，本部分将对四个景区的网站信息展示情况进行比较。如表 4-7 所示，各个景区网站信息传播较为全面，但仍有部分信息缺失。住宿信息是消费者外出旅游必须要查看的信息之一，但漓江景区和北海银滩缺乏相应信息。另外，北海银滩、黄姚古镇、桂林乐满地等景区缺乏当地的天气状况以及网友评价等口碑信息。天气状况和网友评价都是旅游者出行之前较为关心的问题，旅游者可以根据当地的天气状况对行程进行安排，而网友评价则为旅游者是否选择该景区提供参考，良好的口碑评价将有利于潜在旅游者对该景区的选择。

表 4-7 官方网站营销传播内容的基本情况

	漓江景区	黄姚古镇	北海银滩	桂林乐满地
景区介绍	√	√	√	√
景区地图、交通信息	√	√	√	√
景区住宿信息	—	√	—	√
景区餐饮信息	√	√	√	√
景区娱乐项目及相关活动	—	√	√	√
景区价格信息	√	√	√	√
土特产旅游纪念品购物信息	—	√	√	√

续表

	漓江景区	黄姚古镇	北海银滩	桂林乐满地
景区天气状况	√	—	—	—
景区当地文化	—	√	√	√
景区联络或投诉电话	√	√	√	√
网友评价等口碑信息	√	—	—	—

注："√"代表"有"，"—"代表"无"。
资料来源：笔者整理。

2. 博客与微博的营销内容情况

六个案例景区中只有黄姚古镇和桂林乐满地开通了博客平台（见表4-8），从桂林乐满地的博客内容来看，其主要是在博客上宣传本景区的特色活动和优惠信息，与其微博中发布的大多数内容相似。而黄姚古镇的博客平台形同虚设，除了一篇景区简介之外并无其他信息，这也与其微博发布的信息相似。这是由于微博和博客是同一类型的平台，微博是博客的精华版，更加突出旅游景区的相关活动信息。

表 4-8　微博与博客营销内容的基本情况

	德天瀑布	黄姚古镇	百色起义纪念馆	桂林乐满地	黄姚古镇（博客）	桂林乐满地（博客）
景区介绍	√	√	√	√	√	—
景区地图、交通信息	√	—	√	—	—	—
景区住宿信息	—	—	—	—	—	—
景区餐饮信息	—	—	—	—	—	—
景区娱乐项目及相关活动	—	—	—	√	—	√
景区价格信息	√	—	√	√	—	√
土特产旅游纪念品购物信息	—	—	—	—	—	—
景区天气状况	—	—	—	—	—	—
景区当地文化	—	—	—	√	—	—
景区联络或投诉电话	—	√	√	√	—	—
网友评价等口碑信息	—	—	—	—	—	—

注："√"代表"有"，"—"代表"无"。
资料来源：笔者整理。

微博是一个分享机制的社交网络平台，其在对信息发布分享的过程中主要有以下特点：一是传播速度快；二是消息内容要求精简；三是互动性强。微博发布消息要求精简这一特点让景区利用微博传递信息时存在难度。目前，旅游景区在微博上传播的信息内容较少，主要是景区介绍、景区价格和景区投诉电话等信息，其他信息严重缺乏。微博作为互动性较强的营销平台，应该努力发挥该特点。通过发布互动活动、评价活动等来吸引消费者，同时也通过不同的互动活动来展示景区的相关信息。

3. 微信公众号的营销内容情况

由于微信公众号信息传播的特点，其所包含的营销信息要比网站少。如表 4-9 所示，旅游景区在微信公众号上传播的信息主要包括景区简介、景区地图/交通信息、景区价格信息、景区联络或投诉电话等，但缺乏住宿信息、餐饮信息、娱乐项目及相关活动信息、土特产旅游纪念品信息、天气状况、当地文化、网友口碑信息等。食、住、行、游、购、娱等信息是旅游过程中所需要的基本信息，其对旅游者出行的选择有重要影响，但旅游景区在微信公众号中缺乏食、住、购、娱等信息，这会为旅游者带来不便，将影响旅游景区的营销效果。

表 4-9　微信公众号传播内容的基本情况

	漓江景区	德天瀑布	黄姚古镇	百色起义纪念馆	北海银滩	桂林乐满地
景区介绍	√	√	√	√	√	√
景区地图、交通信息	√	√	√	√	√	√
景区住宿信息	—	√	—	—	√	√
景区餐饮信息	—	√	—	—	√	—
景区娱乐项目及相关活动	—	√	—	—	√	√
景区价格信息	√	√	√	√	—	√
土特产旅游纪念品购物信息	—	√	√	—	—	—
景区天气状况	√	—	—	—	√	—
景区当地文化	—	—	—	—	—	—
景区联络或投诉电话	—	√	√	√	√	√
网友评价等口碑信息	—	—	—	—	—	—

注：“√”代表“有”，“—”代表“无”。

资料来源：笔者整理。

（五）广西旅游景区自建新媒体渠道营销内容的展现形式情况

“眼球经济”时代，旅游景区信息需要在新媒体上运用一定的形式展现，才能引起旅游者的关注。本书对官方网站、博客、微博、微信公众号和旅游网站等平台上旅游景区信息的展现形式进行了比较和总结。

如表 4-10 所示，旅游景区信息在以上平台中的展现形式主要有九种，分别是图片展现、文字展现、视频/音频展现、相关链接、动画展现、3D 立体展现、运用多国语言、弹窗、特别推荐等。其中：①六个案例景区均使用了文字和图片展示旅游景区信息，但是文字和图片作为传统的展现形式已日益失去其吸引力，在日后的发展中需要更加富有艺术性的景区图片和更加流畅的文字才能增加吸引力。②视频/音频、相关链接、动画、多国语言等也使用较多。相关链接的引用则多存在于微博与微信之中，由于微博、微信的特殊性，不能完整地展示景区想要提供的信息，因此大多数景区在微博和微信中都会设置链接，将官方网站链接到微博、微信当中，以方便旅游消费者对相关信息的查找。视频/音频、动画等多用来展示景区的宣传短片，以达到宣传的效果，在调查的过程中发现，黄姚古镇景区在微信中用到语音导航，大大方便了自助游游客在该景区中的游玩，提高了旅游者的满意度。为了方便外国旅游者，多国语言的运用是必不可少的，但是从案例景区的使用情况来看，主要还是在官方网站上存在，并且语言种类不多，主要以中文、英语和日语为主。③3D 立体的展现形式可以使景区的形象更加鲜明。漓江景区在官方网站上利用 3D 立体的形式展现漓江风景区的大好风光和游船的路径，从中加强了对游船产品的营销。黄姚古镇依旧是以服务游客为主，其 3D 立体展现的主要作用是用于景区导航。④对于弹窗和特别推荐，现在其他新媒体平台主要是用于推荐特色产品或活动，但是在几个案例景区中的使用较少，只有桂林乐满地在网站上用到了弹窗功能，并无景区使用特别推荐的展现功能。

表 4-10　案例景区新媒体营销展现形式

	图片	文字	视频音频	相关链接	动画	3D 立体展现	运用多国语言	弹窗	特别推荐
漓江景区	√	√	√	√	√	√	√	—	—
德天瀑布	√	√	—	√	√	—	—	—	—
黄姚古镇	√	√	√	√	√	√	√	—	—
百色起义纪念馆	√	√	—	—	—	—	—	—	—
北海银滩景区	√	√	√	√	√	—	√	—	—
桂林乐满地	√	√	√	√	√	—	√	√	—

注："√" 代表"有"，"—" 代表"无"。
资料来源：笔者整理。

二、旅游景区自建新媒体渠道的营销效果评价

（一）研究模型和方法的选取

旅游景区自建新媒体渠道的营销效果评价是一个多层次、多指标综合评价问题，本书利用模糊理论建立多层次模糊综合评价模型来进行旅游景区自建新媒体渠道的营销效果的评价，这样可以对边界不清、不易定量的因素进行定量化处理，能够运用模糊数学的方法对多种因素所影响的整个系统进行综合评价。模糊综合评价法需要计算各层次指标的权重，本书采用层次分析法（AHP 法）来确定各指标的权重。该方法将定量分析与定性分析结合起来，利用各层次指标之间的相对重要性来衡量指标的权重大小。对于旅游景区自建新媒体渠道营销效果的实际评价，本书运用统计学方法分析并计算出最后的评分。

（二）评价指标体系的构建

本书通过对新媒体营销效果的相关文献进行梳理，总结得出四个评价维度，分别为营销内容的质量、营销展现形式、营销服务的互动性和营销站点的技术四个方面，并初步得出一些自建新媒体渠道的营销效果评价的具体指标，通过对其进行分析，最终筛选出符合目标的指标，建立了旅游

景区自建新媒体渠道的营销效果评价体系（见表 4-11）。各指标说明如下：

表 4-11　旅游景区自建新媒体渠道的营销效果评价指标体系

评价目标	维度	具体指标	指标来源
旅游景区新媒体营销效果（A）	营销内容的质量（B1）	C1 营销内容的丰富性	陈珊；张初兵、李东进等
		C2 营销内容的有用性	钱建伟、厉新建等；陈珊；余洁、张娜娜
		C3 营销内容的易理解性	钱建伟、厉新建等
		C4 营销内容的独特性	钱建伟、厉新建等
	营销展现形式（B2）	C5 展现形式的吸引力	钱建伟、厉新建等；余洁、张娜娜；张初兵、李东进等；李君轶
		C6 展现形式的创新性	钱建伟、厉新建等；余洁、张娜娜
		C7 展现形式的布局合理性	钱建伟、厉新建等；张初兵、李东进等
	营销服务的互动性（B3）	C8 常见问题解答的准确性	陈珊；余洁、张娜娜
		C9 游客意见或问题反馈的及时性	钱建伟、厉新建等；陈珊；余洁、张娜娜；张初兵、李东进等
		C10 预订服务的便捷性	钱建伟、厉新建等；陈珊
	营销站点的技术（B4）	C11 针对游客要求进行个性化推荐	陈珊；李君轶
		C12 网站、公众号的易获得性	钱建伟、厉新建等
		C13 站点运行及站内搜索情况	陈珊；李君轶
		C14 线上交易的安全性	陈珊；余洁、张娜娜；李君轶

资料来源：笔者整理。

1. 营销内容的质量

营销内容的质量是营销效果评价的关键维度，其中包括营销内容的丰富程度、营销内容对旅游者的有用程度、营销内容表达的可理解程度以及营销内容的独特程度等具体指标。

2. 营销展现形式

营销展现形式是指动画、文字、图片、音频、3D 技术等的展示手段，展现形式是否得当、能否突出旅游景区的特色是旅游景区能否成功吸引游客的重要问题。本书从展现形式的吸引力、展现形式的创新程度和展现形式的布局合理性等方面进行评价。

3. 营销服务的互动性

互动是人与人交流的必要过程，很多商家都会尽可能地和消费者进行沟通交流来完善自己的产品。利用新媒体作为营销手段，互动的效果也是检验营销效果的主要方面。线上的互动主要包括疑难问题的解答、意见的反馈、预订服务和个性化推荐四个方面，因此本书选取常见问题解答的准确性、游客意见或问题反馈的及时性、预订服务的便捷性以及针对游客要求进行个性化推荐等指标来测量旅游景区新媒体营销服务的互动性效果。

4. 营销站点的技术

对于新媒体来说，站点的技术是一个比较重要的问题，具有良好的技术支持，才能让营销得到良好的效果。从旅游者的角度主要考虑的问题有能否准确地获取官方营销媒体的站点信息、站点内的搜索系统是否完善、线上交易是否安全等。

（三）问卷设计与数据收集

1. 问卷设计

本书通过问卷调查的方法获取第一手资料。问卷调查涉及两个方面的问卷：

（1）旅游景区自建新媒体渠道营销效果评价指标的重要性问卷（详见附录一）。通过设计李克特五点量表来测量各指标的重要性程度，1~5 分为“非常不重要”到“非常重要”；利用层次分析法分析所得到的数据，得出各指标的权重，从而为后面的评价计算打好基础。

（2）旅游景区自建新媒体渠道营销效果的实际评价问卷（详见附录二、附录三）。采用专家评价的方式对旅游景区自建新媒体渠道营销效果进行评价，根据前面构建的指标体系，从营销内容的质量、营销展现形式、营销服务的互动性和营销站点的技术性四个方面来设计评价题项，也是采用五点量表，1~5 分分别为“非常不同意”“不同意”“中立”“同意”“非常同意”。另外，本书将针对官方网站和微信公众号两个主要的自建新媒体渠道进行测量，因此在设计问卷的过程中根据同样的题项分别设计了官方网站和微信公众号营销效果的实际评价问卷。

2. 研究对象的选取

根据2017年统计年鉴中旅游景区的数据可知，截止到2016年，全区共有352个A级以上的旅游景区，由于景区数量极大，本书在前面研究的基础上，采取抽样调查的方式，选取了三个具有代表性的景区来进行调查，分别是漓江风景区、黄姚古镇景区和北海银滩景区。另外，目前在新媒体营销的应用方面，最主要的新媒体是网站和微信公众号，因而，本书将这三个景区的官方网站和微信公众号分别进行了评价，尝试探讨官方网站和微信公众号营销效果及其差异。

3. 问卷发放与收回

本书主要通过发放电子问卷的方式来获取数据，主要向旅游专业的相关专家进行针对性的问卷发放。指标的重要性评价问卷一共发放20份，回收17份，问卷回收率达到85%，无效问卷0份，有效率达到100%。营销效果评价问卷一共回收35份，无效问卷0份，有效率达100%。

（四）确定评价指标体系权重

在旅游景区自建新媒体渠道营销效果评价指标体系的基础上，采用旅游营销、旅游景区方面专家的重要性问卷数据，运用层次分析法来确定各指标的权重。

1. 建立层次结构模型

层次分析法就是将问题层级化，最高层为要达到的总目标，然后将总目标分解为不同的组成因素，每一组因素根据其相互关联影响以及隶属关系来组合，进而形成一个具有层次关系的结构模型。通过层层分解，将问题归结为最低层，即供决策的措施层级。因此层次分析法的第一步就是建立层次结构模型。根据前文中评价指标构建部分可知，目标层是旅游景区新媒体营销效果，因素层分别为营销内容的质量、营销展现形式、营销服务的互动性和营销站点的技术四个方面，具体模型结构如图4-1所示。

2. 构造对比矩阵

在以往确定各层次各因素之间的权重时，往往都是定性的结果，这样得出的权重具有科学性低的特点，不容易被别人接受，因而Santy等提出构造对比矩阵，把各因素进行两两比较，以提高各因素权重的准确度。本

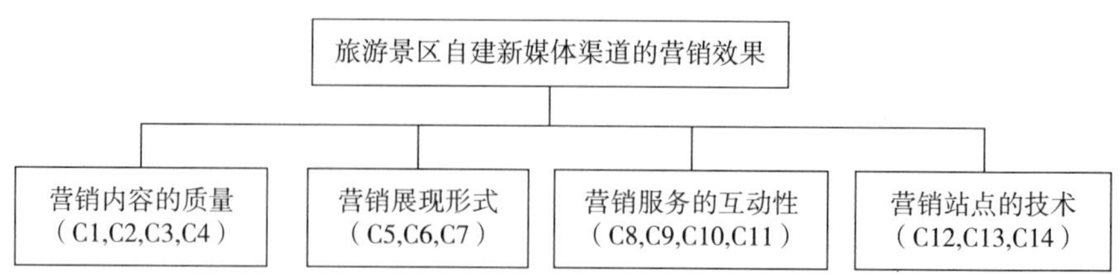

图 4-1　旅游景区自建新媒体渠道营销效果评价层次

部分利用钱建伟、厉新建等构造对比矩阵的方法，根据 17 名专家对各项指标的重要性程度进行评价的结果来构造对比矩阵。

对 14 个指标的重要性程度进行两两比较，从而对矩阵 A(17×17) 进行赋值。首先假设 C(17×14) 为专家评价和问题数的集合，i、j 为具体指标的编号，$1\leq i\leq 14$，$1\leq j\leq 14$，$i\neq j$。列向量 C_i 为问题 i 的所有分数，$N(C_i>C_j)$ 是 C_i 评分大于 C_j 的专家人数，$N(C_i<C_j)$ 为 C_i 评分小于 C_j 的专家人数，$N(C_i>C_j)\in[0, 17]$，$N(C_i<C_j)\in[0, 17]$。设 $\Delta(i, j)=N(C_i>C_j)—N(C_i<C_j)$，则有 $\Delta(i, j)\in[-17, 17]$。最后对任意两个问题 C_i、C_j 进行比较，根据评分差距 $\Delta(i, j)$ 的数值，把 A(i, j) 矩阵中的值转换为 1-9 标度中的分值，最终构造出本书中的对比矩阵。对比矩阵的赋值公式如下：

$$A(i, j)=\begin{cases}1, & (\Delta(i, j)=0)\\ \text{ceiling}\left(\dfrac{8\Delta(i, j)}{17}\right)+1, & (\Delta(i, j)>0)\\ \dfrac{1}{A(j, i)}, & (\Delta(i, j)<0)\end{cases}$$

3. 一致性检验及权重计算

在计算权重之前，要进行对比矩阵的一致性检验。一致性检验的评价指标为 CR，如果 CR=0 时，该对比矩阵属于完全一致性矩阵，此时并不需要对其进行调整；如果 CR<0.1 时，该对比矩阵属于满意一致性矩阵；当 CR>0.1 时，对比矩阵就不具有一致性，此时需要对其进行调整。CR 计算公式如下：

$$CR=\frac{CI}{RI}\ \left(CI=\frac{\lambda_{max}-n}{n-1},\ n\text{ 为指标的总数}\right)$$

综上所述，要计算 CR 值就必须先求出各指标的权重和最大特征根

λ_{max}，本书通过 Excel 表格进行运算，求出 $\lambda_{max}=15.1482$，通过查平均随机一致性 RI 值表得到 RI=1.58，最终求得 CR=0.0559<0.1，因此该对比矩阵是满意一致性矩阵，不需要对矩阵进行调整，各标准化后的指标权重如表 4-12 所示。

表 4-12 旅游景区自建新媒体渠道的营销效果评价体系各指标权重

维度	权重	具体指标	权重
营销内容的质量（B1）	0.3482	C1 营销内容的丰富性	0.0390
		C2 营销内容的有用性	0.0930
		C3 营销内容的易理解性	0.1435
		C4 营销内容的独特性	0.0728
营销展现形式（B2）	0.0972	C5 展现形式的吸引力	0.0477
		C6 展现形式的创新性	0.0232
		C7 展现形式的布局合理性	0.0263
营销服务的互动性（B3）	0.2892	C8 常见问题解答的准确性	0.0501
		C9 游客意见或问题反馈的及时性	0.1031
		C10 预订服务的便捷性	0.1215
		C11 针对游客要求进行个性化推荐	0.0144
营销站点的技术（B4）	0.2654	C12 网站、公众号的易获得性	0.0186
		C13 站点运行及站内搜索情况	0.0269
		C14 线上交易的安全性	0.2199

资料来源：根据调研数据分析结果整理。

从各级指标权重可以看出本评价体系中不同维度指标间的重要性差异，营销内容的质量（0.3482）>营销服务的互动性（0.2892）>营销站点的技术（0.2654）>营销展现形式（0.0972）。其中，在营销内容的质量维度中，营销内容的易理解性（0.1435）权重最高，其次是营销内容的有用性（0.0930）；在营销展现形式中，展现形式的吸引力（0.0477）所占权重最高，展现形式的吸引力主要来源于展现的技术手段，利用能够吸引人们眼球的展现形式会对景区的营销效果起到积极的影响作用；在营销服务的互动性层面，预订服务的便捷性（0.1215）权重最高，游客意见或问题反馈的及时性（0.1031）紧跟其后，这说明游客与景区的线上互动形式最主要体现在酒店、门票的预订和问题的反馈上；在营销站点的技术层面上，线上交易安全（0.2199）的权重最高，也是14个具体评价指标中最高的，交易安全问题是营销站点技术的重要问题。

（五）旅游景区自建新媒体渠道营销的描述性统计分析

在确定权重后，运用旅游营销、旅游景区方面专家的实际评价问卷数据，进一步对旅游景区自建新媒体渠道的营销效果进行分析。

1. 营销效果评价问卷信效度检验

信度（Reliability）即可靠性，在采用同样的方法对同一对象进行测量时所得结果的一致性程度。信度指标多以相关系数表示，经常使用的信度分析方法为克朗巴哈系数（Cronbach's α），总量表的克朗巴哈系数在0.8以上说明量表系数非常好，0.7~0.8之间可以接受；分量表的信度系数最好在0.7以上，0.6~0.7还可以接受。如果低于0.6就说明问卷信度不足，需要重新编写问卷。

从结果中可以看出两份问卷总体的克朗巴哈系数都大于0.8（见表4-13），说明问卷信度非常好，问卷具有内在一致性，可以进一步进行分析。

表4-13　克朗巴哈信度检验结果

问卷	Cronbach's α
网站	0.865
微信公众号	0.866

资料来源：根据调研数据分析结果整理。

效度分析采用的是KMO测量和Bartlett球形检验。当KMO值大于0.9时，问卷的描述量表能准确地测量所要测量的指标，并且在因子分析中，当KMO值大于0.8时，问卷数据适合做因子分析，在0.7~0.8时，说明问卷效度一般，在0.6~0.7时，问卷的描述量表对指标的测量程度较弱；如果KMO值在0.6以下，问卷的描述量表根本不能准确测量相关指标。

从结果来看，问卷的KMO值大于0.7，Bartlett球形检验的Sig.值为0.000（见表4-14），说明问卷的描述量表能够准确地描述所要测量的指标。因此，问卷具有一定的有效性。

表 4-14　KMO 和 Bartlett 的检验

网站			微信公众号		
取样足够度的 Kaiser-Meyer-Olkin 度量		0.722	取样足够度的 Kaiser-Meyer-Olkin 度量		0.735
Bartlett 的球形度检验	近似卡方	231.804	Bartlett 的球形度检验	近似卡方	230.411
	df	91		df	91
	Sig.	0.000		Sig.	0.000

资料来源：根据调研数据分析结果整理。

2. 旅游景区官方网站和微信公众号的描述性统计分析

有学者对李克特五点量表的均值进行了划分，小于 2.5 的均值表示被调查者对该问题的同意程度低，均值在 2.5~3.4，说明被调查者对这一问题保持中立态度，平均分在 3.5 及以上的表示同意程度高。

根据均值结果可以看出，“营销内容的有用性（C2）”“营销内容的易理解性（C3）”“网站、公众号的易获得性（C12）”“线上交易的安全性（C14）”4 项指标稍高于 3.5，专家对它们认同程度较高，其余的各项指标均值均在 2.5~3.4，专家对它们的评价处于中低水平（见表 4-15）。这说明目前桂林漓江景区、北海银滩景区和黄姚古镇景区等官方宣传网站的营销效果不尽如人意，在网站营销展现形式（B2）和营销服务的互动性（B3）方面效果偏低。

如表 4-15 所示，在对旅游景区微信公众号的评价中，“营销内容的丰富性（C1）”“营销内容的有用性（C2）”“营销内容的易理解性（C3）”“营销内容的独特性（C4）”“展现形式的布局合理性（C7）”“网站、公众号的易获得性（C12）”“站点运行及站内搜索情况（C13）”“线上交易的安全性（C14）”8 项指标的均值高于 3.5，专家对其评价认同度较高，其他指标均在 2.5~3.4，专家对它们的评价处于中下水平，营销服务的互动性（B3）依然是评价偏低的一个方面，相对于景区官方网站来说，专家们对景区微信公众号的评价更高一些。

表 4-15　评价指标描述性统计结果

维度	具体指标	网站			微信公众号		
		总量	均值	标准差	总量	均值	标准差
营销内容的质量	C1 营销内容的丰富性	122	3.49	1.095	125	3.57	0.884
	C2 营销内容的有用性	125	3.57	0.739	128	3.66	0.802
	C3 营销内容的易理解性	129	3.69	0.758	133	3.80	0.868
	C4 营销内容的独特性	122	3.49	0.951	126	3.60	0.812
营销展现形式	C5 展现形式的吸引力	115	3.29	0.893	119	3.40	0.812
	C6 展现形式的创新性	98	2.80	0.868	97	2.77	0.808
	C7 展现形式的布局合理性	118	3.37	0.877	128	3.66	0.725
营销服务的互动性	C8 常见问题解答的准确性	118	3.37	0.843	109	3.11	0.796
	C9 游客意见或问题反馈的及时性	96	2.74	0.886	100	2.86	0.879
	C10 预订服务的便捷性	118	3.37	0.973	113	3.23	1.031
	C11 针对游客要求进行个性化推荐	104	2.97	1.014	98	2.80	0.901
营销站点的技术	C12 网站、公众号的易获得性	127	3.63	1.190	131	3.74	0.852
	C13 站点运行及站内搜索情况	122	3.49	0.981	124	3.54	0.741
	C14 线上交易的安全性	124	3.54	0.780	126	3.60	0.736

资料来源：根据调研数据分析结果整理。

（六）旅游景区官方网站和微信公众号的评价结果对比分析

1. 营销效果评价数据的检验

在进行独立样本 T 检验之前要先对数据进行正态检验，正态检验一般采用 K-S 检验或 W 检验，数据正态检验结果如表 4-16 所示，K-S 检验和 W 检验的 Sig. 值均小于 0.05，拒绝原假设，说明数据分布和正态分布存在显著差异，即数据不属于正态分布。因此需要对数据进行正态转换后再进行独立样本 T 检验。

表 4-16　正态检验结果

	Kolmogorov-Smirnov[a]			Shapiro-Wilk		
	统计量	df	Sig.	统计量	df	Sig.
网站	0.244	14	0.024	0.862	14	0.032
微信公众号	0.253	14	0.016	0.850	14	0.022

资料来源：根据调研数据分析结果整理。

T 检验是用数学中的 T 分布理论来讨论差异发生的概率，从而比较两个问题的平均数是否存在显著差异。T 检验的前提条件是样本数据服从正态分布，通过对数据进行正态转换，转换后的数据已服从于正态分布，因此可以进行独立样本 T 检验，检验结果如表 4-17 所示。

表 4-17 独立样本 T 检验结果

	方差方程的 Levene 检验		均值方程的 t 检验				
	F	Sig.	t	df	Sig.（双侧）	差分的 95% 置信区间	
						下限	上限
假设方差相等	0.000	0.999	-0.003	26	0.998	-0.7379210	0.7358871
假设方差不相等			-0.003	26	0.998	-0.7379214	0.7358875

资料来源：根据调研数据分析结果整理。

检验结果显示，$t=-0.003$，Sig.（双侧）$=0.998>0.05$（$df=26$），95%的置信区间为（-0.7379210，0.7358871），证明景区官方网站和官方微信公众号的评价没有显著差异。

2. 模糊综合评价分析

本部分应用模糊综合评价法来对旅游景区自建新媒体渠道营销效果进行评价分析。模糊综合评价法具有结果清晰、系统性强的特点，能较好地解决不清晰的、难以量化的问题，是一种把定性评价问题转化为定量评价问题的分析方法，该综合评价法运用的是模糊数学的隶属度理论，对受到多种因素影响的问题做出一个总的评价。其基本分析步骤主要包括以下几个方面：①确定评价对象的因素集 U；②确定评价对象的评语集 V；③确定评价因素的权重向量 W；④进行单因素模糊评价，确立模糊关系矩阵 R；⑤多指标综合评价 B；⑥对模糊综合评价结果进行分析。

（1）景区新媒体营销效果因素集、评语集、权重向量的确立。在进行模糊综合评价之前，需要确立评价模型中的因素集、评语集、权重向量等内容。首先确定评价对象因素集，一般用字母 U 来表示：$U=\{u_1, u_2, u_3, \cdots, u_n\}$，n 代表影响因素的个数；其次是评语集的确定，评语集是评价者对被评价问题可能做出的各种评价结果组成的集合，用字母 V 表示：$V=\{v_1, v_2, v_3, \cdots, v_m\}$，m 代表评价结果数；最后确定权重向量，一般用字母 W 来表示：$W_n=\{w_{n1}, w_{n2}, w_{n3}, \cdots, w_{ni}\}$，n 代表被评价对象的因素个数，i 代表每个因素中各指标的个数。根据前面指标体系的构建、权重的计算以及测量量表的设计，本书得出旅游景区自建新媒体渠道营销效果评价的因素集、评语集以及各指标的权重集。

1）旅游景区自建新媒体渠道营销效果因素集。B1、B2、B3、B4 分别为营销内容的质量、营销展现形式、营销服务的互动性和营销站点的技术。

$$U=\{B1, B2, B3, B4\}$$

2）旅游景区自建新媒体渠道营销效果指标评价集。本书从李克斯特五点量表的设置出发，将问卷中的五个等级作为旅游景区新媒体营销效果评价的等级，通过计算得出具体评价集（见表 4-18）。

V=｛非常差（1），较差（2），一般（3），较好（4），非常好（5）｝

3）旅游景区自建新媒体渠道营销效果权重向量。根据本书构建的旅游景区自建新媒体渠道营销效果评价指标体系和层次分析法中得出的权重，可以得出各维度和具体指标的权重向量。

$$W=\{0.3482, 0.0972, 0.2892, 0.2654\}$$

$$w_1=\{0.0390, 0.0930, 0.1435, 0.0728\}$$

$$w_2=\{0.0477, 0.0232, 0.0263\}$$

$$w_3=\{0.0501, 0.1031, 0.1215, 0.0144\}$$

$$w_4=\{0.0186, 0.0269, 0.2199\}$$

表 4-18　旅游景区自建新媒体渠道营销效果指标评价集

具体指标		评价等级				
		非常差（1）	较差（2）	一般（3）	较好（4）	非常好（5）
网站	C1 营销内容的丰富性	0.0571	0.1143	0.2857	0.3714	0.1714
	C2 营销内容的有用性	0.0000	0.0857	0.3143	0.5429	0.0571
	C3 营销内容的易理解性	0.0000	0.1143	0.1429	0.6857	0.0571
	C4 营销内容的独特性	0.0286	0.1143	0.3143	0.4286	0.1143
	C5 展现形式的吸引力	0.0000	0.2000	0.4000	0.3143	0.0857
	C6 展现形式的创新性	0.0571	0.2857	0.4857	0.1429	0.0286
	C7 展现形式的布局合理性	0.0286	0.1143	0.3714	0.4286	0.0571
	C8 常见问题解答的准确性	0.0000	0.1429	0.4286	0.3429	0.0857
	C9 游客意见或问题反馈的及时性	0.0571	0.3429	0.4286	0.1429	0.0286
	C10 预订服务的便捷性	0.0286	0.1429	0.3714	0.3429	0.1143

续表

具体指标		评价等级				
		非常差（1）	较差（2）	一般（3）	较好（4）	非常好（5）
网站	C11 针对游客要求进行个性化推荐	0.0286	0.3714	0.2571	0.2857	0.0571
	C12 网站、公众号的易获得性	0.0571	0.1143	0.2571	0.2857	0.2857
	C13 站点运行及站内搜索情况	0.0000	0.1714	0.3429	0.3143	0.1714
	C14 线上交易的安全性	0.0286	0.0571	0.2857	0.6000	0.0286
微信	C1 营销内容的丰富性	0.0000	0.1429	0.2571	0.4857	0.1143
	C2 营销内容的有用性	0.0000	0.0857	0.2857	0.5143	0.1143
	C3 营销内容的易理解性	0.0286	0.0571	0.1429	0.6286	0.1429
	C4 营销内容的独特性	0.0000	0.0857	0.3429	0.4571	0.1143
	C5 展现形式的吸引力	0.0000	0.1143	0.4571	0.3429	0.0857
	C6 展现形式的创新性	0.0571	0.2571	0.5714	0.0857	0.0286
	C7 展现形式的布局合理性	0.0000	0.1143	0.1429	0.7143	0.0286
	C8 常见问题解答的准确性	0.0000	0.2000	0.5429	0.2000	0.0571
	C9 游客意见或问题反馈的及时性	0.0286	0.3143	0.4857	0.1143	0.0571
	C10 预订服务的便捷性	0.0286	0.2286	0.3429	0.2857	0.1143
	C11 针对游客要求进行个性化推荐	0.0571	0.3143	0.4286	0.1714	0.0286
	C12 网站、公众号的易获得性	0.0000	0.0857	0.2571	0.4857	0.1714
	C13 站点运行及站内搜索情况	0.0000	0.0857	0.3429	0.5143	0.0571
	C14 线上交易的安全性	0.0000	0.0571	0.3714	0.4857	0.0857

资料来源：根据调研数据分析结果整理。

（2）旅游景区自建新媒体渠道营销效果评价维度模糊集计算。

1）网站营销效果评价维度模糊集计算。根据前文计算出来的评价集，分别构建得出网站评价问卷中营销内容的质量、营销展现形式、营销服务的互动性、营销站点的技术四个维度的效果矩阵，分别为（4-1）、（4-2）、（4-3）、（4-4）：

$$r_1 = \begin{bmatrix} 0.0571 & 0.1143 & 0.2857 & 0.3714 & 0.1714 \\ 0.0000 & 0.0857 & 0.3143 & 0.5429 & 0.0571 \\ 0.0000 & 0.1143 & 0.1429 & 0.6857 & 0.0571 \\ 0.0286 & 0.1143 & 0.3143 & 0.4286 & 0.1143 \end{bmatrix} \quad (4-1)$$

$$r_2 = \begin{bmatrix} 0.0000 & 0.2000 & 0.4000 & 0.3143 & 0.0857 \\ 0.0571 & 0.2857 & 0.4857 & 0.1429 & 0.0286 \\ 0.0286 & 0.1143 & 0.3714 & 0.4286 & 0.0571 \end{bmatrix} \quad (4-2)$$

$$r_3 = \begin{bmatrix} 0.0000 & 0.1429 & 0.4286 & 0.3429 & 0.0857 \\ 0.0571 & 0.3429 & 0.4286 & 0.1429 & 0.0286 \\ 0.0286 & 0.1429 & 0.3714 & 0.3429 & 0.1143 \\ 0.0286 & 0.3714 & 0.2571 & 0.2857 & 0.0571 \end{bmatrix} \quad (4-3)$$

$$r_4 = \begin{bmatrix} 0.0571 & 0.1143 & 0.2571 & 0.2857 & 0.2857 \\ 0.0000 & 0.1714 & 0.3429 & 0.3143 & 0.1714 \\ 0.0286 & 0.0571 & 0.2857 & 0.6000 & 0.0286 \end{bmatrix} \quad (4-4)$$

本书采用 M（＊，＋）模型，用前文建立的各维度权重向量和各具体指标的评价集，计算得出网站评价各指标评价集的综合隶属度（4-5）、（4-6）、（4-7）、（4-8）：

$$b_1 = w_1 \wedge r_1 = [0.0043 \quad 0.0371 \quad 0.0837 \quad 0.1946 \quad 0.0285] \quad (4-5)$$

$$b_2 = w_2 \wedge r_2 = [0.0021 \quad 0.0192 \quad 0.0401 \quad 0.0296 \quad 0.0063] \quad (4-6)$$

$$b_3 = w_3 \wedge r_3 = [0.0098 \quad 0.0652 \quad 0.1145 \quad 0.0777 \quad 0.0220] \quad (4-7)$$

$$b_4 = w_4 \wedge r_4 = [0.0073 \quad 0.0193 \quad 0.0768 \quad 0.1457 \quad 0.0162] \quad (4-8)$$

2）微信公众号营销效果评价维度模糊集计算。通过前文计算得出的指标评价集，分别构建得出微信公众号评价问卷中营销内容的质量、营销展现形式、营销服务的互动性、营销站点的技术四个维度的效果矩阵，分别为（4-9）、（4-10）、（4-11）、（4-12）：

$$r_1 = \begin{bmatrix} 0.0000 & 0.1429 & 0.2571 & 0.4857 & 0.1143 \\ 0.0000 & 0.0857 & 0.2857 & 0.5143 & 0.1143 \\ 0.0286 & 0.0571 & 0.1429 & 0.6286 & 0.1429 \\ 0.0000 & 0.0857 & 0.3429 & 0.4571 & 0.1143 \end{bmatrix} \quad (4-9)$$

$$r_2 = \begin{bmatrix} 0.0000 & 0.1143 & 0.4571 & 0.3429 & 0.0857 \\ 0.0571 & 0.2571 & 0.5714 & 0.0857 & 0.0286 \\ 0.0000 & 0.1143 & 0.1429 & 0.7143 & 0.0286 \end{bmatrix} \quad (4-10)$$

$$r_3 = \begin{bmatrix} 0.0000 & 0.2000 & 0.5429 & 0.2000 & 0.0571 \\ 0.0286 & 0.3143 & 0.4857 & 0.1143 & 0.0571 \\ 0.0286 & 0.2286 & 0.3429 & 0.2857 & 0.1143 \\ 0.0571 & 0.3143 & 0.4286 & 0.1714 & 0.0286 \end{bmatrix} \quad (4-11)$$

$$r_4=\begin{bmatrix}0.0000 & 0.0857 & 0.2571 & 0.4857 & 0.1714\\0.0000 & 0.0857 & 0.3429 & 0.5143 & 0.0571\\0.0000 & 0.0571 & 0.3714 & 0.4857 & 0.0857\end{bmatrix} \quad (4-12)$$

同上，采用同样的 M（＊，＋）模型，用各维度权重向量和各具体指标的评价集，计算得出微信公众号评价各指标评价集的综合隶属度（4-13）、（4-14）、（4-15）、（4-16）：

$$b_1=w_1\wedge r_1=[0.0041 \quad 0.0280 \quad 0.0820 \quad 0.1902 \quad 0.0439] \quad (4-13)$$

$$b_2=w_2\wedge r_2=[0.0013 \quad 0.0144 \quad 0.0388 \quad 0.0371 \quad 0.0055] \quad (4-14)$$

$$b_3=w_3\wedge r_3=[0.0072 \quad 0.0747 \quad 0.1251 \quad 0.0590 \quad 0.0231] \quad (4-15)$$

$$b_4=w_4\wedge r_4=[0.0000 \quad 0.0165 \quad 0.0957 \quad 0.1297 \quad 0.0236] \quad (4-16)$$

（3）旅游景区自建新媒体渠道营销效果模糊综合评价。结合上文中计算出来的各维度的隶属度及评价集中各评价的得分 1~5，可以计算出各评价维度的综合得分和旅游景区自建新媒体渠道营销效果评价的综合得分，本书用 P 来表示自建新媒体渠道营销效果评价的综合得分，计算公式如下：

$$p_1=b_{11}+2b_{12}+3b_{13}+4b_{14}+5b_{15}$$

$$p_2=b_{21}+2b_{22}+3b_{23}+4b_{24}+5b_{25}$$

$$p_3=b_{31}+2b_{32}+3b_{33}+4b_{34}+5b_{35}$$

$$p_4=b_{41}+2b_{42}+3b_{43}+4b_{44}+5b_{45}$$

$$P=p_1+p_2+p_3+p_4$$

通过使用 Excel 进行计算，最后得出旅游景区自建新媒体渠道营销效果评价结果，如表 4-19 所示。

表 4-19 旅游景区自建新媒体渠道营销效果综合得分

目标	得分	评价维度	得分
自建新媒体渠道营销效果（网站）	3.4055	营销内容的质量	1.2505
		营销展现形式	0.3105
		营销服务的互动性	0.9043
		营销站点的技术	0.9402
自建新媒体渠道营销效果（微信公众号）	3.4491	营销内容的质量	1.2866
		营销展现形式	0.3228
		营销服务的互动性	0.8834
		营销站点的技术	0.9564

资料来源：根据调研数据分析结果整理。

从表 4-19 中可以看出，旅游景区网站营销效果的综合得分为 3.4055，微信公众号营销效果综合得分为 3.4491，从总体上来看，官方网站和官方微信公众号的营销效果差别不大，这说明目前的主要旅游景区在运用这两种新媒体营销方式时，并没有从营销内容的质量、营销展现形式、营销服务的互动性和营销站点的技术方面加以区别。从各评价维度上来看，网站和微信公众号之间的营销效果也并没有显著差异，主要的差别体现在营销服务的互动性上。网站评价中，营销服务的互动性为 0.9043，而微信公众号的评价中得分为 0.8834，比网站评价中的要低一点。微信作为现如今人们使用的最主要的通信媒体之一，其以公众号为主的营销功能也在逐渐扩大，开始推出小程序、在线预订服务等功能，大大方便了人们的使用，也加强了与客户之间的互动交流，但从数据分析结果来看，微信公众号的互动性得分并不比网站的高，结合在浏览各景区微信公众号的发现，笔者认为最主要的原因是各景区的微信公众号的运作是基于网站建设的，因此营销的各个方面都与网站相似，并且大多数景区微信公众号都有网站的链接，使得旅游者在选择时更会倾向于使用网站。

在模糊综合评价法中，各指标综合隶属度大小是确定评价对象等级的重要指标。因而，本书按照前文的计算过程中层级的顺序分别计算出各维度的综合隶属度以及总目标的综合隶属度，进而得出了旅游景区自建新媒体渠道营销效果评价体系中各级的评价等级（见表 4-20、表 4-21）。

表 4-20　各维度的隶属度

	维度	评价等级					评价结果
		非常差（1）	较差（2）	一般（3）	较好（4）	非常好（5）	
综合隶属度（网站）	营销内容的质量	0.0043	0.0371	0.0837	0.1946	0.0285	较好
	营销展现形式	0.0021	0.0192	0.0401	0.0296	0.0063	一般
	营销服务的互动性	0.0098	0.0652	0.1145	0.0777	0.0220	一般
	营销站点的技术	0.0073	0.0193	0.0768	0.1457	0.0162	较好
综合隶属度（微信）	营销内容的质量	0.0041	0.0280	0.0820	0.1902	0.0439	较好
	营销展现形式	0.0013	0.0144	0.0388	0.0371	0.0055	一般
	营销服务的互动性	0.0072	0.0747	0.1251	0.0590	0.0231	一般
	营销站点的技术	0.0000	0.0165	0.0957	0.1297	0.0236	较好

资料来源：根据调研数据分析结果整理。

1）各维度的等级评价。从表 4-20 中可以看出，营销内容的质量与营销站点的技术两个维度的最大隶属度处于“较好”等级，说明旅游景区自建新媒体渠道营销内容的质量良好，具有营销效果，新媒体站点技术具有一定的基础，而营销展现形式和营销服务的互动性的最大隶属度均处于“一般”等级，说明旅游景区在自建新媒体渠道的营销展现形式和互动性的运用上刚刚达到及格水平，营销效果一般，还需要进一步提升。

2）旅游景区自建新媒体渠道营销效果等级评价。根据表 4-21 中的结果可以看出，网站和微信公众号这两个总目标的综合隶属度最大分别为 0.4475 和 0.4160，其评判等级均为较好，这说明旅游景区在自建新媒体渠道营销的运用上达到了一定的效果，但在面对新媒体迅速发展、各旅游景区之间的竞争不断增强的时代背景下，旅游景区目前的营销效果是远远不够的，需要进一步的深入挖掘和提升，把握不同营销媒体的特点，综合发挥不同的自建新媒体渠道对旅游景区营销的作用。

表 4-21 总目标的综合隶属度

	评价等级					评价结果
	非常差（1）	较差（2）	一般（3）	较好（4）	非常好（5）	
综合隶属度（网站）	0.0235	0.1409	0.3152	0.4475	0.0729	较好
综合隶属度（微信公众号）	0.0127	0.1336	0.3417	0.4160	0.0960	较好

资料来源：根据调研数据分析结果整理。

本章小结

本章主要包括两方面内容：第一，介绍了广西旅游景区的概况，并选取了漓江景区、德天大瀑布景区、黄姚古镇、百色起义纪念馆、北海银滩景区、桂林乐满地六个不同类型的景区作为具体研究对象，采用案例分析法和对比分析法相结合的方法，从运行现状、营销内容和营销展现形式三方面进行了比较分析，发现：旅游景区的自建新媒体营销渠道主要包括官方网站、微信公众号、微博和官方博客，微信公众号的应用范围最为广泛；官方网站和微信公众号所涵盖的营销内容最为丰富，微博和博客主要以价格信息、景区介绍、投诉电话等内容为主；景区自建新媒体渠道营销的展现形式以文字、图片为主，缺乏新颖的展现形式。第二，从营销内容的质量、营销展现形式、营销服务的互动性和营销站点的技术四个方面构建了旅游景区自建新媒体渠道营销效果评价指标体系，通过采用专家调查、多层模糊综合评价等方法，对旅游景区微信公众号和官方网站营销效果进行评价，发现：①旅游景区官方网站和微信公众号营销效果相差不大，评价分值接近 3.5；②对比各维度之间的得分发现，旅游景区营销内容的质量效果最好，其次是营销站点的技术和营销服务的互动性，而营销服务的展现形式效果最差；③旅游景区官方网站和微信公众号的营销效果差别在于营销服务的互动性方面，微信公众号的互动性低于官方网站。

第五章 旅游景区网络口碑传播现状：基于携程网游记的实证研究

随着人们对网络信息关注度的提高，网络口碑的营销价值逐渐受到人们的广泛重视，网络口碑营销也成为旅游景区间接参与的新媒体营销方式之一。因此，进一步研究旅游景区的网络口碑营销非常迫切和重要。网络口碑营销的形式有很多种，其中，旅游者在网络虚拟社区上发布的游记作为一种网络口碑，由于内容丰富、形式多样、信息较真实、交互性强等特点，已成为旅游者获取旅游景区信息的主要来源之一。因此，本章将探讨旅游景区网络口碑营销的概念、特征、类型，进而运用携程网上桂林市旅游景区的游记分析旅游景区网络口碑传播的现状，以便为后续的对策分析打下基础。

一、旅游景区网络口碑传播的内涵、特征和类型

（一）旅游景区网络口碑营销和传播的内涵及其关系

互联网时代，网络口碑被现代营销人士视为当今世界最廉价的信息传播工具和高可信度的宣传媒介。网络口碑是旅游者在网络虚拟社区、微博、即时通信 App、电子邮件等新媒体上分享的旅游经历。网络口碑的内容通常涉及旅游景区餐饮、住宿、交通、景观、活动等方面的基本情况，旅游者对其消费过程和消费评价等信息。

网络口碑营销是网络口碑与营销活动的有机结合体。旅游景区的网络口碑营销是旅游景区通过高质量的旅游服务、策划相应的口碑题材或活动等方式，激发旅游者借助博客、微信等新媒体渠道来分享旅游景区游览经历，尤其是对旅游景区的良好评价，进而影响潜在旅游者购买决策的管理过

程。网络口碑营销强调旅游景区在整个营销过程中所处的引导和激励作用、构建正面网络口碑以及其目标在于实现旅游景区产品或服务销售的增长。

如图 5-1 所示，在网络口碑营销中，旅游景区是网络口碑营销的主体，它影响着网络口碑的分享者；网络口碑的分享主体是游记、博文等的撰写者，主要是已游览旅游景区的旅游者；网络口碑的载体是网络社区、博客、微博、即时通信 App 等新媒体上发布的网络游记、博文等；网络口碑的受众是搜索旅游景区信息的潜在旅游者。其中，已游览旅游景区的旅游者在网络游记、博文等中分享旅游景区信息和潜在旅游者接受或获取旅游景区信息的两个过程，就是网络口碑传播过程。

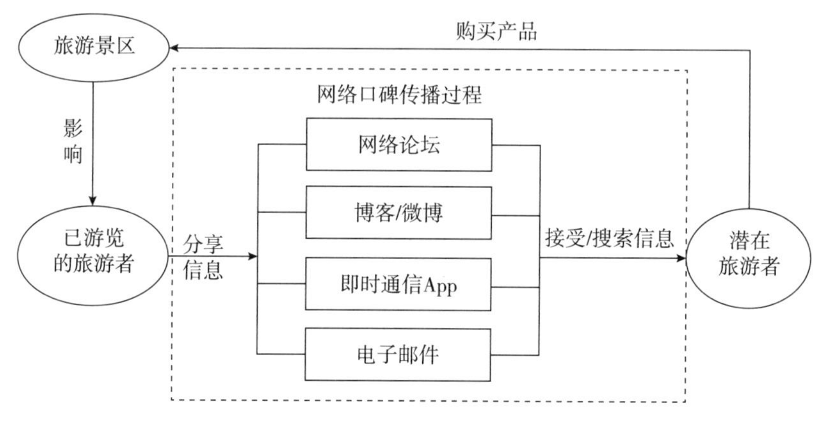

图 5-1　网络口碑营销过程

因此，网络口碑传播是网络口碑营销中最为重要的环节之一，不仅直接影响着潜在旅游者对旅游景区及其外在环境的认知，还影响着旅游景区的购买决策。对网络口碑传播现状展开研究，可以深入分析网络口碑营销的效果。

（二）旅游景区网络口碑传播的特征

与传统口碑传播相比，旅游景区的网络口碑传播具有四个方面的特征：

1. 传播地域广阔

相比于传统口碑营销简单的线下交流和传播，网络口碑传播打破了地域的限制，借助邮件、QQ、微信、微博等传播工具的介入，运用互联网的旅游者足不出户就可以与全世界范围内的网友进行实时的在线交流与沟通，实现信息的传播与共享。并且随着网民人数的增加和互联网技术的提高，其口碑传播的范围和影响力会更强。

2. 传播速度快

传统口碑传播多是面对面或者通过电话进行传播，具有同步性的特征，而网络口碑依托互联网技术，可以实现口碑同步传播，还可以发展到一对多，甚至多对多的传播，这使得旅游景区信息在各网络平台之间快速、多次传播，信息数量和传播速度在短时间内取得爆发式增长。

3. 表现形式多样化

网络口碑传播是借助互联网技术，以微博、博客和论坛等不同的工具为媒介进行传播的，它的表现形式丰富多样，包括文字、图片、表格、音频、动画、影像等具体有形的数字化多媒体，突破了传统口碑营销以文字和口头表述为主，辅以肢体动作和表情的表现形式。

4. 传播源的匿名性

传统口碑营销通常表现为近距离，且多是熟人之间的直接沟通，信息的可信度较高，但是传播氛围易受交流者的身份、人际关系等因素的影响，因而其传播效果较弱。相反，网络口碑营销处于更自由、更开放的虚拟网络环境中，网络口碑传播者的个人信息具有匿名性，一方面使参与者拥有更大的言论自由，能够表达出自己对旅游景区产品或服务的真实态度、评价和反馈，另一方面也使旅游景区信息的搜索者难以准确衡量信息的客观性和真实性。

（三）旅游景区网络口碑传播类型

旅游景区网络口碑传播方式按交流时间是否同步，可以将其划分为同步传播和异步传播两种。同步传播是指交流主体在交流时间上是同步进行的口碑传播，微信朋友圈、QQ 消息等新媒体渠道上的网络口碑营销属于这类传播方式。异步传播是指交流主体不需要同时在线就可以完成信息的交流，主要是旅游网站游记、电子邮件、在线论坛等新媒体渠道上的网络口碑营销。

旅游景区网络口碑传播方式按照口碑传播的互动方式，可以将其分为一对一、一对多、多对多等形式。一对一的网络口碑传播方式，即“线性方式”，是最简单、最基本的一种人际传播方式。一对多的网络传播方式，在沟通过程中，有一个明显的主导者，信息的传播和回馈都要经过主导者进行处理，这个主导者具有联系人的作用，该方式属于信息集中式的沟通系统。一对一或一对多的传播方式具有传播速度快、传播信息清晰的特点。多对多的传播方式是指众多群体成员之间进行旅游景区信息传播，成员之间具有平等地位的传播方式。但是这一方式也存在缺点，由于每个人都可以与群体中的其他人进行平等对话，致使旅游信息量大且杂乱，其真实性难以判别，造成传播效果低下。网上论坛就是其最为典型的例子。

二、旅游景区网络游记样本的选取与预处理

（一）旅游景区的选择

由于全国旅游景区数量较多，全面展开网络游记数据的收集和分析，工作量较大，耗时较长，因此本书拟选择一个典型区域展开研究。

桂林是中国发展旅游业较早且较成熟的地区，是世界著名的风景游览城市、国家对外开放重要的国际旅游城市、国际性旅游航运枢纽、国务院批复确定的国际旅游胜地。桂林市拥有 55 家 A 级景区，占广西 A 级景区总量的 17.86%，并拥有 3 家 5A 级旅游景区；除此之外，桂林 4A 级、3A 级景区的数量也较多。因此，本书选取桂林市的旅游景区作为研究对象。

桂林市位于广西壮族自治区东北部，南岭山地西部和湘桂走廊南端，现有 6 个市辖区，11 个县。目前，桂林市 A 级景区 55 家，其中 5A 级景区 3 家、4A 级景区 30 家、3A 级景区 22 家。利用 Google Earth 软件获得桂林市 A 级景区的地理坐标，结合桂林市行政区地图，采用 ArcGIS 软件绘制出了桂林市 A 级景区空间分布图。其中，基础地理数据来源于 1∶25 万桂林市地形数据库，所有的基础地理数据均采用西安 80 坐标系、高斯克吕格投影。

根据《桂林市旅游发展总体规划（2001—2020）》中“一个中心（桂林市区），两个次中心（阳朔、兴安）”的桂林旅游空间格局①，将桂林 A 级景区分为 3 个景区团（见表 5-1）：市区景区团，主要指桂林城区及灵川县的景区；阳朔景区团，指阳朔、平乐、永福、荔浦和恭城的景区；兴安景区团，包括兴安、全州、龙胜、资源和灌阳的景区。值得说明的是，本书中所指的漓江风景区是漓江阳朔段。

---

① 桂林市旅游局．桂林市旅游发展总体规划（2001—2020）［M］．北京：中国旅游出版社，2002.

表 5-1 桂林 A 级景区划分

组团	景区名称
市区景区团（25 家）	独秀峰王城、七星景区、芦笛景区、象山、冠岩、愚自乐园、两江四湖、古东瀑布、穿山、尧山、义江缘、叠彩伏波景区、神龙水世界、雁山园、刘三姐大观园、西山、逍遥湖、南溪山、罗山湖玛雅水上乐园、临桂十二滩漂流、龙门瀑布、金银寨—蛇王李景区、江头洲、芦笛岩鸡血玉文化艺术中心、桂林旅苑
阳朔景区团（15 家）	漓江、世外桃源、银子岩、丰鱼岩、荔江湾、图腾古道·聚龙潭、永福金钟山旅游度假区、蝴蝶泉、阳朔文化古迹山水园、鉴山寺、九马画山、天河瀑布、仙家温泉、红岩、恭城三庙一馆
兴安景区团（15 家）	乐满地、灵渠、龙胜温泉、龙脊梯田、千家峒、猫儿山、资江、大唐湾、八角寨、红军长征突破湘江战役纪念公园、湘山寺、白面瑶寨、艺江南中国红玉文化园、龙脊特色旅游小镇、金车生态民族村

资料来源：根据广西文化和旅游厅公开资料整理。

根据桂林 A 级景区的区域划分，对各景区团数量进行统计（见表 5-2）。从景区数量上来看，桂林 A 级旅游景区空间分布聚集在市区景区团，其 A 级景区数与其他两个景区团的景区总数相近。市区景区团以 25 家 A 级景区的优势成为桂林市拥有 A 级景区数量最多的组团景群，阳朔景区团与兴安景区团皆以 15 家景区紧随其后。其中，桂林市区景区团以桂林城区景群为核心，以象山景区为代表，拥有 A 级景区数量占全市总量的 45.45%，另外，其 A 级景区在各个级别的数量上也均高于其他景区团的景区数量。

表 5-2 桂林 A 级景区空间分布

地市	A 级景区			合计（家）	占总量（%）
	5A（家）	4A（家）	3A（家）		
市区组团	1	18	6	25	45.454
阳朔组团	1	7	7	15	27.273
兴安组团	1	5	9	15	27.273
合计	3	30	22	55	100

注：截至 2015 年 12 月。

资料来源：根据国家文化和旅游部公开的资料整理。

（二）旅游景区网络游记样本的来源选择

网络游记是指旅游者在旅游活动过程中或旅游结束之后在网络平台发表自己在某个旅游目的地的旅游经历或描述、评价旅游景区的文章。本书选择携程网攻略社区所发表的游记作为网络游记样本，主要原因如下：

第一，网络旅游市场份额。作为中国首个在美国纳斯达克上市的旅游企业，携程网是一个知名度高、交互性强的社交媒体网站，拥有超过 9000 万的在线注册用户，并为具有不同需求的用户提供酒店预订、机票预订、旅游度假预订等全方位、多角度的旅行服务，是一个大型在线旅游“数据库”，在在线旅游领域具有很深的影响力。根据艾瑞咨询调查报告，2015 年中国在线旅游市场，无论是国内游市场还是出境游市场，携程均以高于 20%的市场份额居于首位，成为巨头企业。

第二，网民关注度。搜索是网民最频繁使用的一项网络服务，可以在一定程度上反映网民的关注点所在。通过对网络搜索数量的统计分析，可以把握网民在某一时间段对相关信息的关注程度及变化趋势。目前，百度是国内最大的搜索引擎，其所具备的百度指数搜索功能能够提供研究所需的网络关注度数据。本书利用百度指数的搜索功能对携程网、途牛网、同程网等网民关注的在线旅游网站进行搜索，对比发现携程网的百度指数最高，用户日均关注度为 97702，远高于途牛、同程等在线旅游网站（见图 5-2）。因此，采用携程网的网络游记作为数据来源。

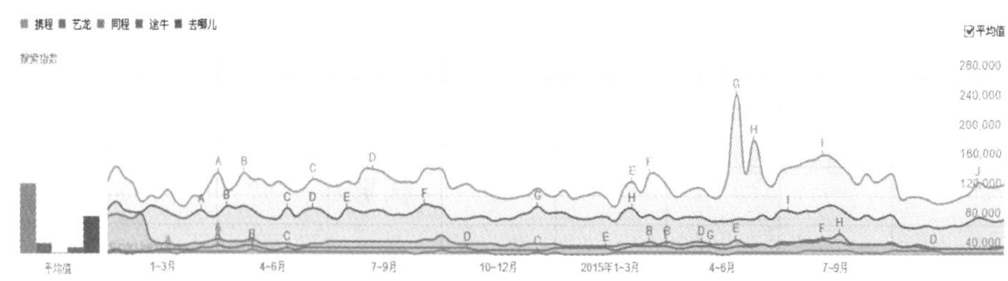

图 5-2 百度指数搜索平台示意图

资料来源：百度网。

（三）旅游景区网络游记样本的收集

1. 旅游景区关键词确定

在游记样本数据采集之前，首先要对旅游景区名称的关键词进行确定。以灌阳千家峒景区为例，在携程“游记”板块输入“灌阳千家峒景区”后显示并没有该景区的相关游记，说明此景区关键词“灌阳千家峒景区”为“无效搜索”，因而要对关键词的范围进行缩小；搜索“千家峒”，显示相关游记共 17 篇，于是成功确定“灌阳千家峒景区”的关键词。按照上述搜索方法，最终确定了桂林 55 家 A 级景区的搜索关键词（见表 5-3）。值得说明的是，桂林叠彩伏波景区在搜索时无法搜到相关游记，但是若将该景区拆开搜索，即可得到相关网络游记，因此该景区的关键词有两个，即“叠彩山”和“伏波山”。为了研究方便，在此只将大景区计入研究样本，对于其包含的小景区（点）不再一一计入。例如，冠岩景区包含了地下河景区、乡吧岛等景点，本书只采集冠岩景区的相关游记，对地下河景区、乡吧岛等景点不再一一进行搜索。

表 5-3　桂林 A 级景区名录及搜索关键词

编号	景区全称	关键词	编号	景区全称	关键词
A01	桂林漓江景区	漓江	A21	阳朔图腾古道·聚龙潭景区	图腾古道 聚龙潭
A02	桂林乐满地休闲世界	乐满地	A22	永福金钟山旅游度假区	金钟山
A03	桂林独秀峰王城景区	独秀峰 靖江王府	A23	龙胜龙脊梯田景区	龙脊梯田
A04	七星景区	七星公园	A24	灌阳千家峒景区	千家峒
A05	芦笛景区	芦笛岩	A25	桂林市南溪山景区	南溪山
A06	桂林世外桃源旅游区	世外桃源	A26	桂林神龙水世界景区	神龙水世界
A07	象山景区	象山公园	A27	桂林市雁山园景区	雁山园
A08	桂林冠岩景区	冠岩	A28	桂林经典刘三姐大观园景区	刘三姐 大观园
A09	桂林愚自乐园艺术园	愚自乐园	A29	桂林阳朔蝴蝶泉景区	蝴蝶泉
A10	桂林两江四湖景区	两江四湖	A30	桂林西山景区	西山

续表

编号	景区全称	关键词	编号	景区全称	关键词
A11	桂林银子岩旅游度假区	银子岩	A31	桂林市逍遥湖景区	逍遥湖
A12	桂林古东瀑布景区	古东瀑布	A32	桂林罗山湖玛雅水上乐园景区	罗山湖玛雅水上乐园
A13	兴安灵渠景区	灵渠	A33	桂林市猫儿山景区	猫儿山
A14	桂林丰鱼岩旅游度假区	丰鱼岩	A34	桂林阳朔文化古迹山水园	阳朔文化古迹山水园
A15	桂林龙胜温泉旅游度假区	龙胜温泉	A35	桂林资江景区	资江
A16	桂林穿山景区	穿山	A36	临桂十二滩漂流景区	临桂十二滩
A17	桂林尧山景区	尧山景区	A37	阳朔鉴山寺景区	鉴山寺
A18	荔浦荔江湾景区	荔江湾	A38	阳朔九马画山景区	九马画山
A19	桂林义江缘景区	义江缘	A39	资源县八角寨景区	八角寨
A20	桂林叠彩伏波景区	叠彩山 伏波山	A40	恭城县红岩景区	红岩
A41	恭城县三庙一馆景区	恭城文庙	A49	龙胜艺江南中国红玉文化园景区	艺江南中国红玉文化园
		恭城武庙			
		周渭祠			
		湖南会馆			
A42	金银寨—蛇王李景区	金银寨 蛇王李	A50	龙胜龙脊特色旅游小镇景区	龙脊特色旅游小镇
A43	灵川县江头景区	灵川江头	A51	龙胜县金车生态民族村景区	金车生态民族村
A44	桂林兴安县红军长征突破湘江战役纪念公园	红军长征突破湘江战役纪念公园	A52	荔浦天河瀑布景区	天河瀑布
A45	桂林旅苑景区	桂林旅苑	A53	灵川龙门瀑布景区	龙门瀑布
A46	桂林芦笛岩鸡血玉文化艺术中心景区	芦笛岩鸡血玉文化艺术中心	A54	平乐仙家温泉景区	仙家温泉
A47	桂林全州县湘山寺景区	全州湘山寺	A55	龙胜县大唐湾景区	大唐湾
A48	龙胜县白面瑶寨景区	白面瑶寨			

资料来源：根据广西文化和旅游厅公开的资料整理。

2. 网络游记样本的采集

网络爬虫是根据用户需求生成标签，并针对各标签制定不同的采集规则，自动获取网页信息并进行存储的网络信息采集技术。采集过程如下：第一步，将采集网址进行冻结；第二步，将游记的标题、作者、发表时间和独立网址设为标签，并制定相应的采集规则（见图 5-3）；第三步，制作翻页采集的相关规则后，保存规则并测试，实现对游客游记的全部抓取。以独秀峰王城景区的游客游记抓取为例，在携程网攻略社区的“游记”板块输入景区关键词“独秀峰王城”，对相关游记进行检索，并利用数据脚本抓取方式网络爬虫进行采集。经过初步抓取，获得网络游记文本 12000 余篇。

```
<spider-clue-extraction>
<theme>独秀峰王城景区</theme>
<scope>
<from>HTML</from>
<path-type>a</path-type>
<path>
//*[@class='desNavigation cf']//a[.//text()="下一页"]
</path>
<clue-type>inthread</clue-type>
<target-theme>
<name>独秀峰王城景区一级</name>
<prefix-positon>hostname+pathname</prefix-position>
</target-theme>
</scope>
<scope>
<from type="FreeFormat">transDOM_0</from>
<path-type>href</path-type>
<path>
//独立网址/text()
```

图 5-3　网络游记文本采集规则

3. 网络游记样本的筛选

在对所采集的游记进行分析时发现，游客网络游记中存在一些非真实的文本，可能会对研究结果产生一定干扰，因此有必要对游记进行筛选。筛选过程中，需注意以下三点：

一是时间新，保证研究样本的时效性。发布日期越近，样本的效用就越高，因此本书将样本选择时间界定在 2014 年 1 月到 2016 年 1 月。在筛选过程中可能会出现游记发表时间与游客出游时间不一致的现象，因此我们在提取游客出游时间时，对于文本中有明确提到出游时间的游记，以游记中所提到的时间为准；如若游记中无时间记录，则通过查看照片的“EXIF”信息，确定其具体出游时间。

二是内容完整，保证研究样本的精确性。在筛选文本时，首先考虑对旅游过程描述细致的、具有一定情感倾向的游记，排除过于简短或旅游路线不够完整、不够连贯的游记。

三是体裁固定，保证研究样本的可靠性。由于互联网交流的开放性，在线交流内容与交流形式都具有极高的自由度，游客可以通过抒情散文、诗歌等多种形式分享自己的旅游体验。

针对上述情况，本书仅选取记叙文作为研究样本，人工识别剔除以散文、诗歌等为体裁的文本，纯粹照片记录以及旅行社广告等与景区无关的游记。经过以上筛选，获得 4532 篇网络游记文本。

（四）网络游记样本的预处理

1. 样本内容预处理

考虑到研究样本的质量与研究的准确性，有必要在对样本进行分析之前做相关的预处理：鉴于网络爬虫采集的游客网络游记是以网页格式保存下来的，无法对文本内容进行人为编辑，因此本书首先利用 ROST 内容分析软件对采集的网络样本进行批量处理，并转化为可供编辑的 Word 文档保存。其次，考虑到每个人的表达水平和表达方式之间存在差异，本书使用 Word 文档的替换功能将研究样本中表示和指向同一景区（点）的名称进行统一，以保证 ROST 软件后续分析过程中对特征词的提取。如“德天大瀑布”“德天瀑布”统一替换为“德天跨国瀑布”，“靖江王府”“靖江王城”统一替换为“独秀峰王城”，“世外桃园”“世外桃源”统一替换为“世外桃源”。最后，将网络游记文本进行归类合并：一方面，根据网络爬虫所采集到的作者和标题信息，将旅游者把同一次旅游经历分成若干篇游记发表的系列游记合并为一篇，如网友“邪恶熊宝宝”发表的《一路向西走广西 出师不利心戚戚》《一路向西走广西 车辆暗伤后怕兮》；另一方面，在采集过程中，“桂林叠彩伏波景区”“图腾古道·聚龙潭景区”等景区的关键词有两个，因此该类景区最后采集的游记样本要进行合并。经过文本内容预处理，本书最终获得网络游记样本 3351 篇。

2. 样本内容分析

（1）统计景区出现频次。借助 ROST CM6 软件统计各景区在游客网络游记中出现的频次。具体过程如下：对采集到的网络文本做分词和词频统计，将桂林的 A 级景区（点）关键词编写至软件的自定义词典，待分词结果出来后对错误结果进行修正，并筛选获得特征词和频数。重新进行分词处理，使用“词频分析”功能分别得到旅游景区在游客网络游记中的词频统计。值得说明的是，软件在统计景区出现频次的时候，所有景区只计算 1 次，即某景区在该篇样本中只要出现，景区的出现次数均为 1，反之则为 0。为保证准确性，并不直接使用旅游景区出现频数，而是通过计算其相对频次分析景区口碑传播度。为便于研究，在此将景区在网络文本中的出现频次定义为“口碑传播次数”。

（2）生成景区共现矩阵。“共现”是指两个或多个事物同时出现在一个样本中的现象。在本书中，旅游景区共现是指在某一网络游记样本中同时出现对两个景区的描述。因此，本书所提及的共现次数则指的是两个不同景区在同一个网络文本中同时出现的次数。但需要指明的是，景区在同一样本中重复出现或导致研究结果出现偏差，因此对研究范围进行确定：在单篇网络文本中，两个旅游景区只要被提及，就将这两个景区的共现次数记为 1。为方便理解，在此以计算 A、B 两个景区在游记中的共现次数为例，如果景区 A 和景区 B 同时出现在一篇游记中，则景区 A 和景区 B 在此篇游记中就共现一次，然后统计所有游记中的景区 A、景区 B 共现次数并相加，即为景区 A 和景区 B 在游记中的共现总次数。

三、基于游记的旅游景区网络口碑传播现状

（一）网络口碑传播热度分析

口碑传播热度反映游客在网络口碑中对旅游景区的传播次数。若某一景区在游记中被提到的次数越多，则说明该景区在游客中越受欢迎，口碑传播热度就越高；反之，口碑传播热度越低。

1. 各个旅游景区的网络口碑传播热度

本书通过 ROST CM6 软件对游客网络游记进行内容分析，获得桂林市 A 级景区在游客网络游记中的口碑传播次数，即口碑传播热度。如表 5-4

所示，在游客网络游记中，口碑传播次数排名前五的景区分别为：漓江（2851次）、象山（1657次）、银子岩（1591次）、龙脊梯田（1449次）和两江四湖（1303次）。漓江是桂林旅游最核心的旅游带，象山、两江四湖作为桂林旅游标识，多数游客都要前往。龙脊梯田则是凭借乡村梯田景观引起了游客的关注。

游客游记中受到较多关注的是桂林城区和漓江（阳朔段）两岸的旅游景区，如漓江、两江四湖、芦笛景区、七星景区、银子岩等作为桂林水域风光以及喀斯特洞穴景观的代表景区，它们已成为网络口碑传播的热点。此外，刘三姐大观园、灵渠、猫儿山、穿山、尧山、南溪山等景区虽不是热门景区，但在游客中也形成了一定的口碑传播。

表 5-4　游客网络游记口碑传播热度排名

排名	景区名称	口碑传播次数	排名	景区名称	口碑传播次数
1	桂林漓江景区	2851	16	刘三姐大观园景区	360
2	象山景区	1657	17	阳朔鉴山寺景区	293
3	银子岩旅游度假区	1591	18	兴安灵渠景区	90
4	龙胜龙脊梯田景区	1449	19	桂林市猫儿山景区	89
5	桂林两江四湖景区	1303	20	桂林西山景区	86
6	芦笛景区	1012	21	桂林尧山景区	77
7	桂林独秀峰王城景区	751	22	桂林穿山景区	70
8	阳朔九马画山景区	700	23	桂林市南溪山景区	63
9	桂林冠岩景区	668	24	桂林乐满地休闲世界	55
10	图腾古道·聚龙潭景区	593	25	桂林龙胜温泉旅游度假区	50
11	七星景区	519	26	资源县八角寨景区	49
12	蝴蝶泉旅游景区	500	27	恭城县三庙一馆景区	48
13	桂林叠彩伏波景区	480	28	桂林阳朔文化古迹山水园	39
14	桂林世外桃源旅游区	478	29	桂林义江缘景区	37
15	桂林古东瀑布景区	380	30	桂林资江景区	24

注：受篇幅限制，仅列出排名前30位的景区。

资料来源：笔者整理。

2. 不同景区团网络口碑传播热度

本书借鉴区域旅游经济的研究方法，提出景区口碑传播次数的均值比率。均值比率可以反映样本与总体均值的差异程度，在区域经济差异的研究中较为常见。本书中的景区口碑传播次数均值比率是指地区 A 级景区口碑传播次数与全市 A 级景区口碑传播次数平均值的比值，公式为：

$$S_i = \frac{X_i}{\frac{1}{n}\sum_{i=1}^{n} X_i}$$

其中，X_i 为各地区景区的口碑传播次数，S_i 为各地区景区口碑传播次数的均值比率。S_i 越大，说明该地区 A 级景区的口碑传播热度就越高；S_i 越小，则说明该地区 A 级景区口碑传播热度就越低。计算结果如表 5-5 所示：

表 5-5　桂林市 A 级景区均值比率

景区团	景区数量	占全市比重（%）	游客网络游记	
			口碑传播次数	均值比率
阳朔景区团	15	27.27	7259	1.41
市区景区团	25	45.45	6556	1.27
兴安景区团	15	27.27	1678	0.35

注：旅游者口碑传播次数的平均值分别为 5164 次。

资料来源：笔者整理。

在游客网络游记样本中，阳朔景区团的口碑传播次数的均值比率高达 1.41，整体高于全市平均水平。这得益于阳朔景区团拥有以漓江为代表的桂林核心旅游资源。市区景区团拥有 25 家 A 级以上景区，景区口碑传播次数为 6556 次，口碑传播均值比率仅低于阳朔景区团，但高于全市平均水平。市区景区团旅游资源丰富，景区间组合状况好，其域内的象山、两江四湖等景区对桂林市口碑传播度的贡献大于多数景区的群体效应。兴安景区团的口碑传播次数仅占全市的 10.83%，均值比率低于 1，口碑传播度最低且低于全市平均水平。景区可进入性和景区间的组合状况较差，游客前往人数相对较少，导致游客传播次数偏低。

3. 不同级别景区网络口碑传播热度

考虑到景区级别对旅游目的地选择的影响，对景区级别和景区口碑传播次数做相关性分析，结果显示游客的相关系数分别为 0.630，即认为景区级别与景区口碑传播次数呈正相关。为了更加深入地分析两者之间的关系，本书采用口碑传播次数的最值、平均值和标准差来进行探讨。其中，平均值反映了景区口碑传播次数的一般水平，标准差反映了景区口碑传播次数的差异程度。

由图 5-4、表 5-6 可知，在游客网络游记中，景区的口碑传播次数与景区的级别呈正相关，级别高的景区，口碑传播次数就越高。5A 级景区的口碑传播次数均值为 1219，口碑传播热度在不同级别景区中居于首位。4A 级景区口碑传播次数均值为 380，口碑传播热度仅次于 5A 级景区，3A 级景区口碑传播热度最低。

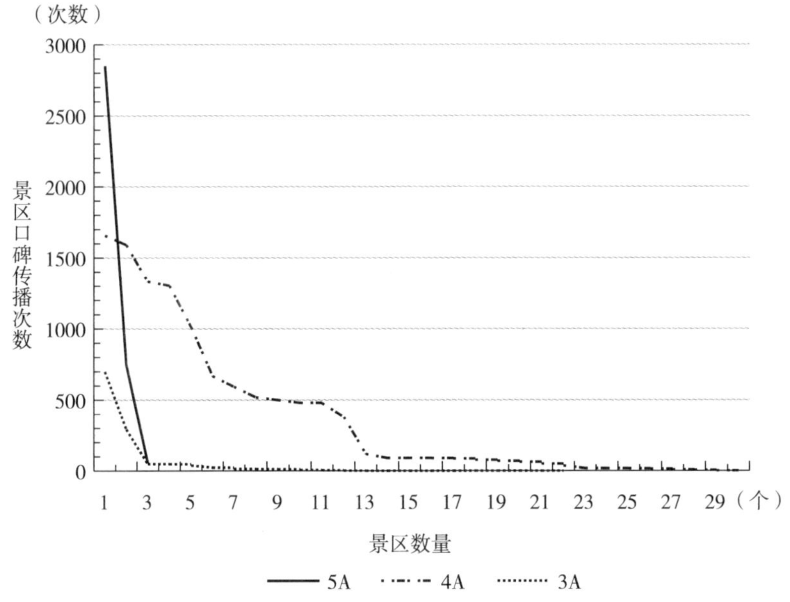

图 5-4 不同级别景区口碑传播次数曲线

资料来源：笔者整理。

表 5-6 不同级别景区游客口碑传播次数

景区级别	景区数量	传播次数	最大值	最小值	平均值	标准差
5A	3	3606	2851	55	1219	1456
4A	30	11411	1657	1	380	516
3A	22	1209	700	0	55	157

资料来源：笔者整理。

由表 5-6 也可以发现，随着景区级别的不断降低，不同级别景区间口碑传播次数的差异也在不断缩小。从景区口碑传播次数的标准差可知，5A 级景区口碑传播次数的标准差为 1456，口碑传播次数最高的桂林漓江景区（阳朔段）比最低的桂林乐满地休闲世界多出现 2796 次，口碑传播次数差异达到最大。4A 级景区口碑传播次数的标准差仅为 516，相较于 5A 级景区的数值，下降幅度较大，说明 4A 级各景区之间的口碑传播次数差异程度明显缩小。如表 5-6 所示，3A 级景区的标准差为 157，说明这一级别的景区相比于 5A 级和 4A 级景区在游客中受欢迎程度较为均衡。

在研究过程中，发现有些级别较低的景区在游记中的口碑传播次数明显高于级别较高的景区。4A 级的象山景区和两江四湖景区（桂林市区段）的游客口碑传播次数分别为 1657 次和 1303 次，作为桂林市城徽与环城水系，与桂林市中心的中小景区形成明显的旅游资源集群，口碑传播度高于 5A 级的乐满地休闲世界以及独秀峰王城景区。3A 级的九马画山景区和鉴山寺景区，依托漓江风景区（阳朔段），在游客网络游记中分别出现 700 次和 293 次，口碑传播次数高于多数的 4A 级景区。这说明旅游景区集聚，会影响到游客出行和口碑传播次数。

（二）网络口碑传播内容分析

1. 秀丽的水域风光和独特的喀斯特地貌景观是网络口碑传播的热点

游客的网络口碑传播主要是表现在热门旅游景区上，如漓江、乐满地休闲世界、独秀峰王城、银子岩、龙脊梯田等景区。对秀丽的水域风光和独特的喀斯特地貌景观描述得较为详尽，有助于景区的形象宣传。如某一位游客这样描述漓江景区：

漓江是有名的“百里画廊”，沿岸风景美不胜收，冲着漓江的美景，我们将桂林定为全家度假的目的地……去了桂林就不能不去漓江，沿江风光旖旎……是一幅充满诗情画意的山水画。

从“美不胜收”“风光旖旎”“诗情画意”等词汇可以看出，漓江因其秀丽的风光被誉为百里画廊，成为游客到桂林旅游必去的地方，甚至成为游客将桂林选作旅游目的地的重要原因。

除此之外，游客在对银子岩的描述中也体现了对喀斯特地貌景观的关注，如：

银子岩景区是典型的喀斯特地貌，洞内有不同年代的钟乳石……构成了世界岩溶艺术万般奇景……银子岩是桂林山水的代表，使人心醉。

从游记中出现的“钟乳石”“岩溶”等词汇不难发现，银子岩凭借独特的喀斯特地貌景观在游客中获得了较高的网络口碑传播次数，更是被游客赞誉为桂林山水的代表。

“桂林山水甲天下”名片式的宣传深入人心，在游客眼中，“桂林山水”已然成为整体性的本地印象符号，因此秀丽的山水风光自然而然就成为游客网络口碑传播的热点。

2. 非热非冷旅游景区受到小众游客的网络口碑传播

由表 5-4 可以看出，猫儿山、刘三姐大观园、穿山、尧山、南溪山等非热门旅游景区在游记中也获得了小众游客的网络口碑传播。例如，猫儿山虽具有一定的观赏游憩价值、历史科学价值，但由于距离市区较远，可进入性较差，在影响力的辐射方面相比于其他旅游资源来说较弱。尽管如此，在游客网络游记中，猫儿山作为国家自然保护区，还有漓江、资江、浔江的源头，还是受到了游客的口碑传播。这一点从自驾车游客对猫儿山景区的描述中就可以看出：

大家决定今天登华南第一高峰——猫儿山，去寻觅三江源头。万顷高山矮林被大自然的鬼斧神工修剪得高低起伏，错落有致；极目远眺，晚霞千变万化，云飞霞涌，心情完全地放飞在这亿兆年的圣洁猫峰之上，完全可以忽略世俗中的烦扰纷争、荣辱名利，只有一颗温暖的感恩的心。

刘三姐大观园以刘三姐文化精华为主题，对游客有着较大的吸引力，尤其是对于第一次到桂林旅游的游客。刘三姐大观园在一定程度上满足了游客对刘三姐文化和广西民族文化探寻的动机，因而多次出现在游客网络游记文本中。

3. 冷门景区口碑传播较弱

排名靠后的永福金钟山度假区、临桂十二滩、红岩、三庙一馆、金银寨—蛇王李庄园、江头景区、桂林旅苑、大唐湾等景区，或是旅游资源禀赋状况要差于其他景区，或是景区自身可进入性较差，或是旅游基础设施完善度不够等，致使游客游览兴致不高，或体验度不够深刻，最终导致网络口碑传播较弱。

（三）网络口碑传播中的旅游景区共现分析

1. 旅游景区共现分布

游客在旅游体验的过程中往往会涉及多个旅游景区，因此游客在游记中也有可能提到多个旅游景区，这就是网络口碑传播中的旅游景区共现现象。旅游景区共现可以从两个方面分析：一是游客网络游记中各景区与其他景区的共现次数；二是景区在游客游记中的共现效应。关注旅游景区共现，对于旅游景区之间的联合营销具有非常重要的作用。

本书利用社会网络分析，在获取旅游景区共现次数的基础上，形成旅游景区共现矩阵（见表5-7），进而对桂林A级旅游景区在网络口碑传播中的共现情况展开探讨。

表5-7　桂林A级景区旅游景区共现矩阵

	漓江	象山	银子岩	龙脊梯田	两江四湖	芦笛景区	独秀峰王城	九马画山	冠岩	图腾古道
漓江	0	1457	1183	1160	1118	441	541	614	424	533
象山	1457	0	756	735	954	429	473	541	278	331
银子岩	1183	756	0	612	633	242	266	481	214	286
龙脊梯田	1160	735	612	0	591	275	242	448	256	238
两江四湖	1118	954	633	591	0	339	369	433	264	263
芦笛景区	341	329	142	175	239	0	178	131	119	99
独秀峰王城	641	573	366	342	469	278	0	243	145	169
九马画山	614	541	481	448	433	232	143	0	190	228
冠岩	424	278	214	256	264	119	98	190	0	122
图腾古道	533	331	286	238	263	99	102	228	122	0

注：受篇幅限制，此表仅列举部分旅游景区。
资料来源：笔者整理。

首先利用 NetDraw 将表 5-7 的结果转换输出，形成旅游景区的共现网络图（见图 5-5）。如图 5-6 所示，旅游景区共现网络图的复杂度较高，且没有清晰突出的共现核心景区，在漓江、九马画山、七星景区、芦笛景区、鉴山寺、古东瀑布、冠岩、图腾古道、银子岩、独秀峰王城、两江四湖、叠彩伏波景区、龙脊梯田、蝴蝶泉、象山等旅游景区间形成了复杂的共现网络。

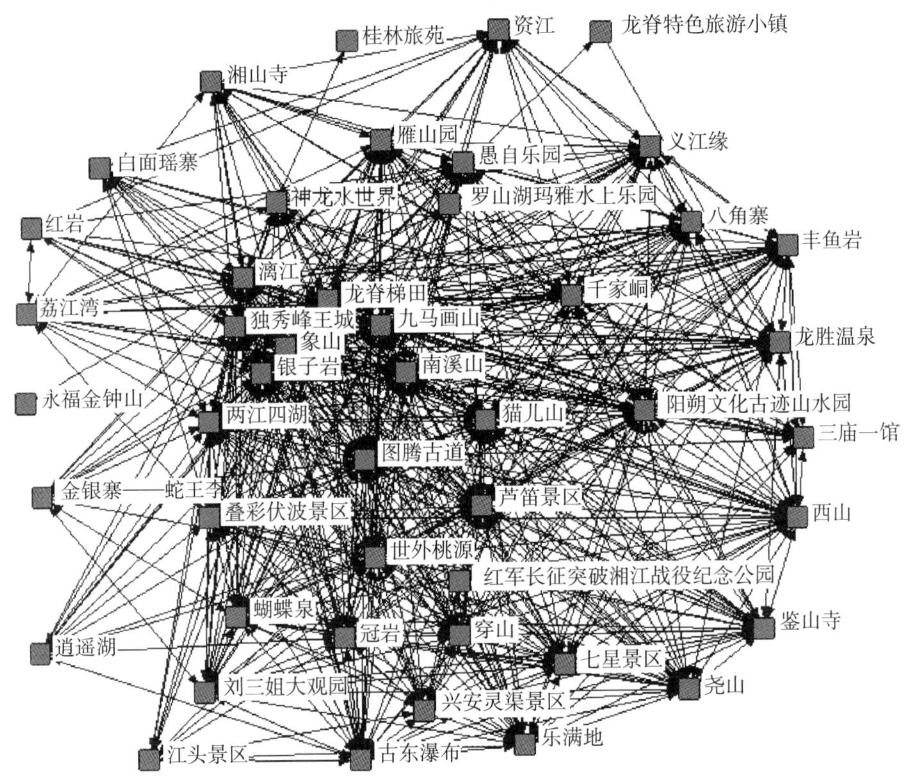

图 5-5　桂林 A 级景区旅游景区共现网络

资料来源：笔者整理。

为了使结果更加直观，将临界点调整为 25，即将旅游景区共现网络按照共现次数大于 25 进行了筛选（见图 5-6）。如图 5-6 所示，虽然调整过的旅游景区共现网络图中仍没有突出的某一个共现核心景区，但漓江、象山、独秀峰王城、银子岩、芦笛景区、两江四湖、龙脊梯田这七处旅游景区共同作用形成旅游景区共现的核心域，与其他景区的共现效应明显。

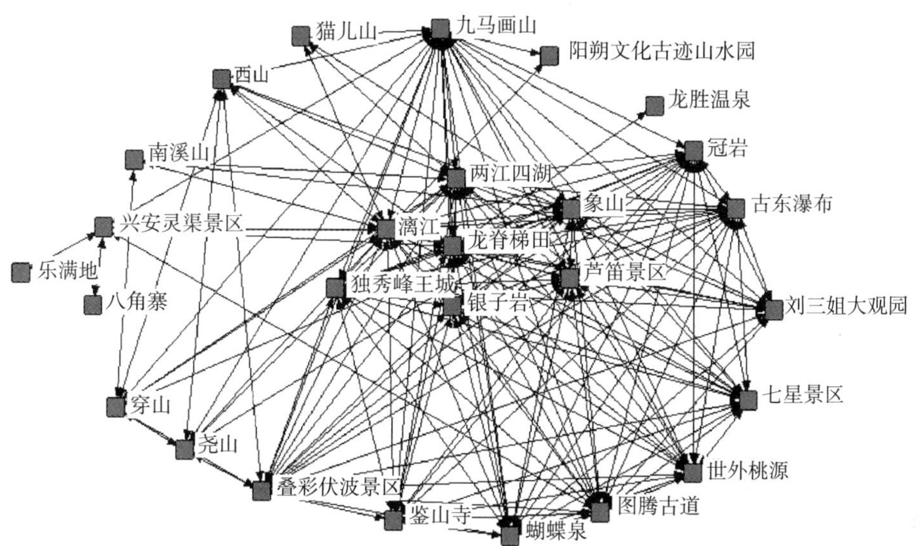

图 5-6　桂林 A 级景区旅游景区共现网络（共现次数大于 25）

资料来源：笔者整理。

在表 5-4 中，漓江、象山、银子岩、龙脊梯田、两江四湖、芦笛景区、独秀峰王城这七处旅游景区在游客口碑传播次数中位列 1~7 位，均为游客口碑传播度较高的景区，这说明游客对桂林旅游景区的口碑传播和旅游景区之间的共现一致性较高。

具体来说，漓江是桂林山水的代表，已形成稳定的旅游市场影响力，是游客到桂林旅游必去的一个景点；银子岩和芦笛景区则是桂林喀斯特溶洞景观的典型代表，成为越来越多游客口碑传播的对象；龙脊梯田景区则充分利用壮族的民俗特色以及雄伟壮观的龙脊梯田等民俗资源优势，吸引游客的口碑传播。从景区特点来看，游客在旅游过程中其实是更加倾向于能够凸显当地旅游特色，享有较高知名度的观光型景区；从闲暇时间和成本来看，游客会更加偏向于选择地理位置优越、交通便利的景区，以便能够在一定的时间内游览更多的景区，从而达到其旅游效率的最大化。综合以上两点来看，象山、独秀峰王城和两江四湖同处于桂林城区而又具有很高的知名度，因此在游客网络游记中共现效应强烈。

以上述七个景区为共现核心，与之产生较强互动效应的景区有：九马画山、图腾古道·聚龙潭、蝴蝶泉、世外桃源、鉴山寺、冠岩、七星景区。其中，九马画山、图腾古道·聚龙潭、蝴蝶泉、世外桃源、鉴山寺均分布于漓江（阳朔段）两岸，而冠岩、七星景区则体现了桂林喀斯特溶洞景观，由此可见，旅游景区共现偏好强烈表现在秀丽的水域风光和独特的喀斯特地貌景观上。

2. 旅游景区共现分布差异

为使桂林 A 级旅游景区共现效应被更加清晰地展示，本书统计了各景区在游客网络游记样本中的共现程度（见图 5-7）。这里所说的共现程度是指每个景区在网络游记中与其成对出现的景区数量。

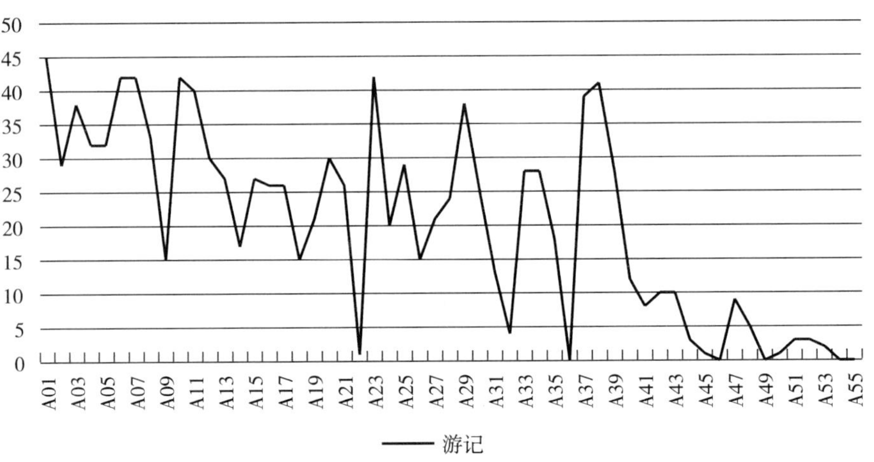

图 5-7　桂林 A 级景区在网络游记中共现程度

资料来源：笔者整理。

从总体上看，桂林旅游景区在游客网络游记中的共现景区数走势存在一定的波动，说明旅游景区的共现效应表现出较弱的均衡性。其中，A01（漓江）、A07（象山）、A10（两江四湖）、A11（银子岩）等在游客的网络游记中共现程度都较高，而且同属于网络口碑传播热度高的热门景区。A09（愚自乐园）、A22（金钟山）、A26（神龙水世界）、A32（罗山湖玛雅水上乐园）、A36（临桂十二滩）等景区，在游客的网络游记中共现程度都较低，未与其他景区产生较好的共现效应。

本章小结

本章先从旅游景区网络口碑营销的基本内容入手，引进景区的网络口碑传播的内涵、特征及其类型，选取桂林市的旅游景区作为研究对象，选择携程网攻略社区所发表的游记作为网络游记样本，对相关游记样本数据进行采集和处理，在此基础上，通过使用网络爬虫、内容分析、社会网络分析、共词分析等方法对桂林 A 级旅游景区的网络口碑传播现状进行了分析，最终得出以下结论：①由于独特的水域风光和喀斯特洞穴景观，桂林城区和漓江两岸的旅游景区受到较多关注，从而成为旅游者网络口碑传播的热点。此外，刘三姐大观园、灵渠等非热门景区也在游客中形成了一定的口碑传播。②游客对于资源禀赋高，区位条件好的桂林市区景区团的口碑传播度最高，且随着景区级别的降低，景区口碑传播度及组间的整体差异也在不断缩小。此外，某些级别较低的景区的口碑传播次数明显高于级别较高的景区。③对于不是“太热”，也不是“太冷”的景区，如穿山、尧山、南溪山、猫儿山、刘三姐大观园等，因交通便利或是旅游资源特色，在旅游者中获得口碑传播；对于红岩、三庙一馆、金银寨—蛇王李景区、江头景区等冷门景区，旅游者的游览意愿也较低。④旅游景区共现偏好强烈表现在秀丽的水域风光和独特的喀斯特地貌景观上，漓江、象山、独秀峰王城、银子岩、芦笛景区、两江四湖、龙脊梯田共同作用形成旅游景区共现的核心域。

第六章 旅游者分享行为及其影响因素：基于微信朋友圈的实证研究

前面章节阐述了旅游网络口碑传播的内涵、特征、类型，以及在网络口碑营销中的重要性；进而运用携程网游记数据，讨论了旅游景区网络口碑传播现状，揭示了旅游景区网络游记这类长期存在型网络口碑的营销效果。本章将在上述研究的基础上，探讨旅游者在微信朋友圈等即时通信App发布旅游信息的行为，并从旅游者个体因素、朋友圈平台因素、外在因素等方面讨论影响旅游者分享行为的因素，以便解决即时网络口碑营销的关键环节，为旅游景区网络口碑营销理论夯实基础。

一、理论模型与研究假设

（一）理论模型的构建

结合文献综述和理论基础的阐述，本书将理性行为理论、社会认知理论、社会交换理论和面子理论进行整合，参考王晓蓉等（2017）的研究成果，从以下几个逻辑思路构建理论模型：第一，行为意愿是理性人在产生行为过程中的关键因素，其他的主观规范、行为态度等因素会通过影响行为意愿，从而最终影响个体实际行为；第二，个体行为是人的内在因素（信念、期望、目标、态度、知识、情感）与外在环境因素（外部资源、客观条件）相互选择和相互作用的结果；第三，人类行为具有交换性，人们在进行某一行为时会考虑自己的利益及行为后果，从而决定是否产生该行为；第四，个体会依据面子标准来约束自身的行为，不同的面子意识会对行为产生不同程度的影响。本书将旅游者微信朋友圈分享行为作为研究对象，从旅游者个人和外在环境两个方面，对旅游者个人因素——利己因素、利他因素和面子意识，外在环境因素——朋友圈平台因素、旅游产品质量等，对旅游者在微信朋友圈进行分享行为的作用进行研究。本书认为旅游者在微信朋友圈的分享行为是旅游者个人因素和外在环境因素共同作用的结果，通过文献梳理可以分析出利己因素、利他因素、朋友圈平台因素、其他外在因素是分享意愿的前因，分享意愿是分享行为的关键因素，具有中介作用，面子意识可以调节影响因素和分享意愿的关系，从而对分享行为产生影响。具体概念模型如图 6-1 所示。

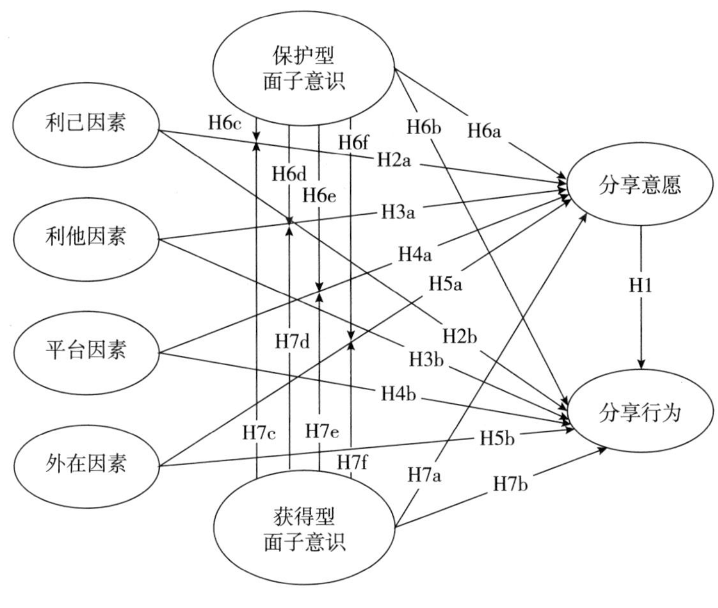

图 6-1　研究模型

（二）研究假设

1. 分享意愿与旅游者分享行为的关系假设

理性行为理论认为行为意向对实际行为具有关键作用，并在已有研究中得到实证。在分享行为中，分享意愿就是行为意向，是分享行为的前因，多数研究表明，行为意愿能够解释行为，部分因素会通过分享意愿对分享行为产生影响。在虚拟信息共享领域，Lin 和 Huang（2013）基于理性行为理论，以雅虎问答作为研究对象，实证分析了态度和主观规范对分享意愿的影响，结果表明态度和主观规范是分享意愿的影响因素。

Tsai 和 Bagozzi（2014）以台湾一个大型社交网站为研究对象，检验了知识共享意愿对实际共享行为的重要作用。常亚平和董学兵（2014）指出行为意愿是实际行为最为直接的前因，他们通过实证研究，验证了信息分享意愿正向影响信息分享行为。由此推之，在微信朋友圈中，旅游者分享意愿的强烈程度会对实际分享行为的产生具有影响，从而提出下面的假设：

H1：分享意愿正向影响旅游者在微信朋友圈中的分享行为。

2. 利己因素与旅游者分享行为的关系假设

社会交换理论认为人类的所有行为均以利益交换为目的。旅游者的分享行为同样会考虑自身利益因素。个人具有获得他人的尊重与认可、能够在社会中实现自身价值的愿望，本书中的利己因素主要为内在利益因素，是指旅游者在微信朋友圈中，通过分享旅游经历、感悟来获得身份认可以及良好的声誉，甚至成就感。国外学者 Jarvenpaa 和 Staples 早在 2000 年研究用户信息分享行为时发现：出于自利性的考虑，用户感到信息的有用性更强时，其分享的意愿会更强。Hew 和 Hara（2007）的研究表明，人们希望通过在社交网络分享知识来获得同龄人的赞同。国内学者也对利己因素进行探讨研究，李枫林和周莎莎（2011）的研究结果表明获得报酬、提升形象、获得名誉、加强社会联系、获得认同感等利己结果会对信息分享意愿产生重要影响，是信息分享行为的重要因素。声誉具有维持、提高个体在社会生活中地位的作用，是个体在社交活动中的一项重要资产。当某一个体认为声誉很重要并预估某项行为可以使自己获得声誉，那么个体产生这种行为的概率就会增大。在微信朋友圈中，如果旅游者个人认为通过分享旅游体验、旅游所见所闻可以提升自我形象，并为自己带来声望，那么提升个体形象、获得荣誉感等利己因素就可以成为一种促进旅游者在微信朋友圈进行分享行为的重要因素。因此本书提出以下假设：

H2a：利己因素正向影响旅游者在微信朋友圈中的分享意愿；

H2b：利己因素正向影响旅游者在微信朋友圈中的分享行为。

3. 利他因素与旅游者分享行为的关系假设

利他因素，即利他主义因素，指人们在产生某一行为过程中是出于自愿助人而不求回报的心理，属于个体的内在认知，这种利他因素对用户在虚拟社区中分享信息发挥很大的影响作用。通过梳理以往的研究和理性行为理论的相关研究，得出利他因素对个体的分享行为具有影响。Kankanhalli（2005）的研究认为当利他行为能带给个体心理愉悦时，员工会在组织内部频繁产生知识分享行为。Jiajia Zheng 等（2010）认为用户之间和用户与社区之间存在互惠关系，社区中信息分享既包含利他的一面，也包含利己的一面，这些利他因素和利己因素是用户持续分享信息的动力。蔡剑和詹庆东（2012）的研究验证了利他动机是影响研究生群体信息分享行为的重要因素，对信息分享行为具有正向影响。同理，旅游者希望自己所分享的旅游信息能够对他人日后的出游决策有所帮助，这是其在微信朋友圈中分享旅游经历的原因之一。综上所述，本书提出以下研究假设：

H3a：利他因素正向影响旅游者在微信朋友圈中的分享意愿；

H3b：利他因素正向影响旅游者在微信朋友圈中的分享行为。

4. 朋友圈平台因素与旅游者分享行为的关系假设

随着微信使用频率的不断上升，朋友圈的运用也深入到人们的生活当中，对人们的行为产生了一定的影响。以往的研究都是从技术接受模型出发，探讨各种 App 平台的有用性、安全性等内容对分享行为的影响。本书从社会认知理论出发，认为微信朋友圈平台属于一种外部环境，其平台特性、用户粘度等与个体认知共同作用于旅游者的分享行为。李枫林和周莎莎（2011）的研究指出平台的便利性、安全性等特性对信息分享行为具有较强的影响作用。姜雪（2014）的研究发现，个体会因为信息分享所产生的成本而放弃进行信息分享。因此，分享平台使用的简便性、安全性对用户的分享行为具有重要影响。傅平和孟薇（2015）以大学生为研究对象，探讨大学生信息分享行为与微信产品特性的关系，研究表明大学生产生微信分享行为的主要原因是微信具有操作简便、快捷的特点。薛杨和许正良两位学者从平台的交互性和易用性入手，探讨发现平台的交互性和易用性通过沉浸状态影响用户信息分享行为。综上所述，本书提出以下假设：

H4a：朋友圈平台因素正向影响旅游者在微信朋友圈中的分享意愿；

H4b：朋友圈平台因素正向影响旅游者在微信朋友圈中的分享行为。

5. 外在因素与旅游者分享行为的关系假设

在一般的分享行为影响因素的研究中，外在因素即客体因素，人们产生分享行为可能是由于社区氛围、信息质量、外在奖励等因素的刺激作用。SooCheong（Shawn）Jang 和 Young Namkung（2009）以餐厅为研究对象，验证了餐厅产品质量、服务质量、氛围等内容对分享行为意向的影响。旅游者在微信朋友圈的分享行为也容易受到同行者分享行为、旅游产品质量、商家奖励等外在因素的影响。因此，本书提出以下研究假设：

H5a：外在因素正向影响旅游者在微信朋友圈中的分享意愿；

H5b：外在因素正向影响旅游者在微信朋友圈中的分享行为。

6. 面子意识与旅游者分享行为的关系假设

本书结合面子理论及相关面子意识的研究成果，认为面子意识主要分为保护型面子意识和获得型面子意识，这两种面子意识对行为具有不同的影响。保护型面子意识是指人们在日常生活中害怕“丢面子”，为了避免“丢面子”，人们会通过减少评论、减少出风头来保护自己的面子。而获得型面子意识是指希望拥有积极的自我形象，喜欢得到别人的赞许，乐于分享自己的成果。这一面子意识越高，越有利于个体进行信息分享。Huang等（2011）检验了面子意识对分享意愿的影响，研究表明保护型面子意识负向影响知识共享意愿，而获得型面子意识正向影响知识共享意愿。刘蕤等（2012）证明了获得型面子意识对虚拟社区知识共享意愿具有正向影响，但保护型面子意识对知识共享意愿有负向影响的假设并不成立。王晓蓉等（2017）探讨了保护型面子意识和获得型面子意识对分享行为的影响作用和调节作用，结果显示：保护型面子意识对旅游体验分享意愿和行为不具有显著影响，但对分享动机和分享意愿存在负向调节作用，而获得型面子意识对旅游体验分享意愿和行为具有直接正向影响，但不具有显著的调节作用。由此可知，不同的面子意识对分享行为有直接的影响，对不同因素和分享意愿之间也具有一定的调节作用。微信朋友圈是一个熟人社交圈，人们在里面分享信息会被熟悉的朋友、家人看到和评价，旅游者可以在微信朋友圈中分享不同的旅游经历、旅游体会来提升自己的面子。因此，本书提出以下假设：

H6a：保护型面子意识负向影响旅游者在微信朋友圈中的分享意愿；

H6b：保护型面子意识负向影响旅游者在微信朋友圈中的分享行为；

H6c：保护型面子意识负向调节利己因素和分享意愿之间的关系；

H6d：保护型面子意识负向调节利他因素和分享意愿之间的关系；

H6e：保护型面子意识负向调节平台因素和分享意愿之间的关系；

H6f：保护型面子意识负向调节外在因素和分享意愿之间的关系。

H7a：获得型面子意识正向影响旅游者在微信朋友圈中的分享意愿；

H7b：获得型面子意识正向影响旅游者在微信朋友圈中的分享行为；

H7c：获得型面子意识正向调节利己因素和分享意愿之间的关系；

H7d：获得型面子意识正向调节利他因素和分享意愿之间的关系；

H7e：获得型面子意识正向调节平台因素和分享意愿之间的关系；

H7f：获得型面子意识正向调节外在因素和分享意愿之间的关系。

二、基于微信朋友圈旅游者分享行为的问卷设计与数据收集

在阅读相关文献的基础上，根据研究内容，参考相关研究的成熟量表，对旅游者微信朋友圈分享行为和各个影响因素的测量量表进行了设计，通过专家访谈，形成了预调查问卷。利用克朗巴哈系数和探索性因子分析对量表的信效度进行评价，优化测量量表，并通过询问被调查者的填写意见，对问卷题项的语义进行修改，最终形成正式调查问卷，进行大样本数据收集，为最终研究提供数据。

（一）变量的测量

根据上一节构建的研究模型和提出的假设，本书需要测量 8 个潜变量，分别为利己因素、利他因素、平台因素、外在因素、保护型面子意识、获得型面子意识、分享意愿和分享行为。本书的观测变量题项是借鉴国内外相关成熟量表，并结合本书的实际需要初步设计的；然后，根据咨询专家的意见、被调查者的反馈意见，做出了进一步的修正。

1. 影响因素的测量

影响因素变量中主要包含利己因素、利他因素、平台因素和外在因素四个主要方面，本书根据各个影响因素的理论基础和相关研究，并结合本书研究的主题，采用了 17 个题项对各个影响因素进行测量。利己因素的测量量表参考了 Hsu 等（2007）的相关研究量表，采用了 4 个题项进行测量；利他因素的测量量表参考了 Kankanhalli（2005）的量表，采用了 4 个题项进行测量；平台因素的测量量表参考了 Brunelle 和 Lapierre（2008）、Liu 等（2009）的量表，采用了 4 个题项进行测量；外在因素参考了 SooCheong（Shawn）Jang 和 Young Namkung（2009）中的测量量表，设计了 5 个题项对外在因素进行测量。具体的测量题项描述如表 6-1 所示。

表 6-1　旅游者朋友圈分享行为影响因素的初始量表

潜变量	题项	题项描述	参考来源
利己因素	A1	分享旅游经历使我获得成就感	Hsu 等（2007）；陈蓓蕾（2008）
	A2	分享旅游经历使我感到快乐	
	A3	分享旅游经历使我加强与他人的联系	
	A4	分享旅游经历使我获得更多的认可和尊重	
利他因素	A5	分享旅游经历可以让朋友圈朋友避免选择差的旅游产品	Kankanhalli（2005）
	A6	分享旅游经历可以帮助朋友加强对我的了解	
	A7	分享旅游经历可以丰富朋友获取旅游信息的途径	
	A8	分享旅游经历可以降低朋友出游所产生的成本	
平台因素	A9	朋友圈的实时互动促使我分享旅游经历	Brunelle 和 Lapierre（2008）；Liu 等（2009）
	A10	朋友圈操作简便的界面和多样的展现形式能满足我分享旅游经历的需求	
	A11	刷朋友圈已经成为我每天必做的事情	
	A12	微信是我和亲朋好友沟通的重要媒介	
外在因素	A13	我会在朋友圈分享令我满意的旅游地信息	SooCheong（Shawn）Jang 和 Young Namkung（2009）
	A14	旅游地经营者的奖励可以刺激我在朋友圈分享旅游地信息	
	A15	独特的旅游产品促使我发朋友圈	
	A16	我会在朋友圈分享不好的旅游经历	
	A17	同行朋友的请求会使我在朋友圈分享旅游经历	

资料来源：笔者整理。

2. 面子意识的测量

面子意识分为两个潜变量，一个是保护型面子意识，另一个是获得型面子意识，本书主要参考王晓蓉等（2017）在研究中用到的量表，通过调整，保护型面子意识和获得型面子意识分别用 4 个题项来测量。具体测量题项和描述如表 6-2 所示。

表 6-2　面子意识的初始量表

潜变量	题项	题项描述	参考来源
保护型面子意识	A18	我更在乎分享旅游经历，不在乎朋友的看法	王晓蓉等（2017）
	A19	我不喜欢频繁发朋友圈，怕引起朋友的反感	
	A20	我害怕旅游信息质量不好，被朋友吐槽	
	A21	在与朋友沟通时，我说话委婉很少表现自我	
获得型面子意识	A22	我希望提升自己在朋友心目中的地位	
	A23	我喜欢将自己好的一面展现出来	
	A24	对我而言，我很在乎朋友对我的点赞和评论	
	A25	我会利用旅游的机会在朋友圈自我表现一下	

资料来源：笔者整理。

3. 分享意愿的测量

本书根据理性行为理论，结合研究主题，将分享意愿定义为旅游者在朋友圈实施或者参与旅游分享的意向或者可能性。本书关于分享意愿的测量量表参考了 Lee 和 Ma（2012）的相关研究量表，通过调整，采用了 3 个题项对该变量进行测量。具体测量题项和描述如表 6-3 所示。

表 6-3　分享意愿的初始量表

潜变量	题项	题项描述	参考来源
分享意愿	A26	我愿意在微信朋友圈分享我的旅游经历	黄茜（2009）；Lee 和 Ma（2012）
	A27	我愿意推荐和鼓励朋友在微信朋友圈分享旅游经历	
	A28	我会继续在微信朋友圈分享自己的旅游经历	

资料来源：笔者整理。

4. 分享行为的测量

分享行为主要测量的是旅游者在微信朋友圈分享的实际行为，测量题项参考了 Hsu 等（2007）、Zwass（2010）和王晓蓉等（2017）的相关研究，采用了 3 个题项对该变量进行测量。具体测量题项和描述如表 6-4 所示。

表 6-4　分享行为的初始量表

潜变量	题项	题项描述	参考来源
分享行为	A29	我一旦出游就会在朋友圈分享我的旅游经历	Hsu 等（2007）、Zwass（2010）和王晓蓉等（2017）
	A30	我经常邀请同行出游的好友一起发朋友圈	
	A31	我经常在微信朋友圈积极回答有关旅游的问题	

资料来源：笔者整理。

（二）问卷的基本情况

本书问卷主要有三大部分：第一部分是旅游者的人口统计学变量，每个题项都以单选的形式给出，包括性别、年龄、职业、文化程度、平均月收入等内容，共 5 道题。第二部分测量旅游者的分享行为，包括每天发朋友圈的数量、旅游过程中分享的阶段、分享形式的偏好、分享内容的偏好以及在微信分享时所带的情绪 5 道题目，由于在微信朋友圈中分享可以同时采用多种形式和分享多种内容，因此这两道题设置为多选题，其他设置为单选。第三部分是问卷的主体部分，包括影响因子（17 个题项）、面子意识（8 个题项）、分享意愿（3 个题项）和分享行为（3 个题项）四个部分，一共 31 道题。本部分采用李克特五点量表来进行测量，其中，1 分代表非常不同意，2 分代表不同意，3 分代表不确定，4 分代表同意，5 分代表非常同意。

（三）预调查及问卷修正

1. 预调查情况

在正式调查之前要先进行预调研，并测量问卷中量表的信度和效度，目的是尽早发现问卷中存在的问题，并进行修改和完善，避免在大规模调研时造成人力和时间等的浪费。

研究工作人员使用问卷星制作电子调查问卷，并通过滚雪球的形式在微信朋友圈中传播，为了确保样本具有针对性，在发放问卷的过程中强调了“请曾经在旅游过程中用微信朋友圈分享了心情、体会、见闻的朋友进行作答”。本书的预调查在 2019 年 1 月 15~20 日期间进行，共回收 156 份问卷，在电子问卷的制作过程中，把问卷题目都设置为必答题，并对单选题和多选题进行了区分，因此，回收的问卷中并不存在遗漏答案的情况，问卷有效率为 100%。从回收的 156 份预调研样本数据来看，女性被调查者多于男性被调查者，年龄段在 25~44 岁之间的被调查者居多，职业以学生和企业职员为主，文化程度较高，本科/大专及以上的被调查者占预调查样本的 71%，收入水平中等偏下，月平均收入在 2001~5000 元的被调查者最多，占 36.5%。具体统计数据如表 6-5 所示。

表 6-5　预调查样本的人口统计学特征

基本特征	分类	频数	百分比（%）
性别	男	54	34.6
	女	102	65.4
年龄	14 岁以下	1	0.6
	15~24 岁	29	18.6
	25~44 岁	100	64.1
	45~60 岁	21	13.5
	61 岁及以上	5	3.2
职业	公务员	9	5.8
	军人	4	2.6
	农民	6	3.8
	企业职员	45	28.8
	事业单位或非营利性机构人员	21	13.5
	个体户	14	9.0
	微商	7	4.5
	学生	39	25.0
	其他	11	7.1
文化程度	初中及以下	11	7.1
	高中/职高/中专	34	21.8
	本科/大专	64	41.0
	硕士及以上	47	30.1
平均月收入	2000 元以内	43	27.6
	2001~5000 元	57	36.5
	5001~10000 元	41	26.3
	10001~20000 元	13	8.3
	20000 元以上	2	1.3

资料来源：根据调研数据分析结果整理。

2. 预调查问卷信度分析

问卷在形成之初，需要进行信度检验。信度即可靠性，指的是采用相同的方法反复测量相同的客体时所得结果的稳定性和一贯性程度。一般研究中多采用克朗巴哈（Cronbach's α）系数对于李克特量表进行信度检验。其中，系数为0~1之间的数值，系数越大说明各测量题项的相关性越强，一般认为信度检验的结果在0.7以上，说明测量量表具有较高的可信度，0.8以上说明量表信度非常好，0.6~0.7表示量表信度还可以接受，如果低于0.6就说明问卷信度严重不足，需要重新编写问卷。另外，研究可以根据克朗巴哈系数和修正后的总相关系数（CITC）来优化量表，对于同时满足以下两个条件的测量题项进行删除，一是修正后的总相关系数的值小于0.3；二是删除该项以后，Cronbach's α系数有明显增加。本预调查阶段采用IBM SPSS Statistics 21.0对问卷的信度进行检验，结果如表6-6所示。从表6-6可以看出，量表总体的Cronbach's α系数为0.886，大于0.8，各维度的Cronbach's α系数在0.714~0.895，均大于0.7，说明各维度具有较好的内部一致性。除了A24的CITC值在0.3以下之外，各测量题项的CITC值均在0.4以上，并且删除A24之后的Cronbach's α系数从0.762上升至0.799，因此A24在信度检验上应该予以删除。

表6-6　预调查问卷信度结果

维度	题项	CITC	α-if deleted	Cronbach's α
利己因素	A1	0.785	0.858	0.895
	A2	0.770	0.864	
	A3	0.737	0.877	
	A4	0.782	0.860	
利他因素	A5	0.666	0.772	0.825
	A6	0.637	0.785	
	A7	0.686	0.762	
	A8	0.609	0.798	
朋友圈平台因素	A9	0.466	0.672	0.714
	A10	0.469	0.671	
	A11	0.543	0.625	
	A12	0.526	0.636	

续表

维度	题项	CITC	α-if deleted	Cronbach's α
其他外在因素	A13	0.645	0.829	0.854
	A14	0.722	0.808	
	A15	0.648	0.828	
	A16	0.679	0.820	
	A17	0.640	0.831	
保护型面子意识	A18	0.483	0.705	0.737
	A19	0.492	0.698	
	A20	0.560	0.661	
	A21	0.585	0.645	
获得型面子意识	A22	0.668	0.645	0.762
	A23	0.625	0.669	
	A24	0.270	0.799	
	A25	0.593	0.688	
分享意愿	A26	0.728	0.832	0.868
	A27	0.794	0.772	
	A28	0.731	0.832	
分享行为	A29	0.562	0.647	0.736
	A30	0.533	0.681	
	A31	0.586	0.621	
量表总体的α值为0.886				

资料来源：根据调研数据分析结果整理。

3. 预调查问卷的效度分析

效度即有效性，表示问卷能够准确测出测定对象的程度，测定结果越接近实际值，其有效性越高。有效性分析主要包括内容效度、效标关联效度和结构效度，一般研究中都会对问卷的内容效度和结构效度进行检验。

（1）内容效度检验。内容效度表示测量题项与欲测量内容的合适程度。本书的量表题项是参考国内外研究学者的相关研究而设计的，题项经过实证的反复验证，具有一定的参考性。除此之外，在预调查过程中，研究人员对部分被调查者进行访谈，询问他们的意见，发现问卷量表存在一些表意模糊和表意重复的题项，例如题项A3“通过朋友圈分享旅游经历使我加强与他人的联系”，部分被调查者对于“加强与他人的联系”存在疑惑，因此需要对类似部分的内容进行完善修改。

（2）结构效度检验。结构效度表示整个测量量表的结构合适程度，目前研究中最常采用的检验方法是探索性因子分析（EFA）和验证性因子分析（CFA）。本书采用探索性因子分析对初步调查阶段初始问卷的有效性进行分析，在正式调研阶段采用验证性因子分析进行结构效度的验证。探索性因子分析是通过因子载荷来对问卷题项进行筛选，并对观测变量进行分类，找出潜在的结构。

1）KMO 检验和 Bartlett 球形检验。对原始数据进行 KMO 检验和 Bartlett 球形检验的目的是检验样本数据是否适合做因子分析，检验结果如表 6-7 所示。一般认为当 KMO 值≥0.6 时，适合做因子分析，对于 Bartlett 球形检验，要求显著性 Sig. 值≤0.05。本书预调查问卷的 KMO 值为 0.826，大于 0.6，Bartlett 球形检验 Sig. 值为 0.000，说明样本数据适合进一步分析。

表 6-7　预调查数据的 KMO 和 Bartlett 检验

取样足够度的 Kaiser-Meyer-Olkin 度量		0.826
Bartlett 的球形检验	近似卡方	2131.618
	df	465
	Sig.	0.000

资料来源：根据调研数据分析结果整理。

2）因子提取。本书采用主成分分析法，以特征根大于 1 作为因子选择的标准来提取公因子，采用最大方差法进行正交旋转，得出不同测量项目的因子载荷系数，进而最终得到探索性因子分析结果。在进行第一次因子分析时，本书将 0.6 设置为因子载荷系数的临界值，其中，只有题项 A24“对我而言，我很在乎朋友对我的点赞和评论”的因子载荷系数小于 0.6，其余 30 道题的因子载荷系数均大于 0.6，结合前面的信度检验结果，应该对 A24 进行删除。在删除题项后，需要对数据再次进行 KMO 和 Bartlett 检验，以确保删改后的数据依然适合因子分析，删除题项后的 KMO 值为 0.829，Bartlett 球形检验 Sig. 为 0.000（见表 6-8），因此数据依然适合进一步的分析。

表 6-8　删除题项后的 KMO 和 Bartlett 检验

取样足够度的 Kaiser-Meyer-Olkin 度量		0.829
Bartlett 的球形检验	近似卡方	2067.496
	df	435
	Sig.	0.000

资料来源：根据调研数据分析结果整理。

用相同的方法（主成分分析法）对因子重新进行旋转提取，最终提取出 8 个公因子，其中，影响因素共提取出 4 个公因子，面子意识提取出 2 个公因子，剩余两个公因子分别为分享意愿和分享行为，详细结果见表 6-9、表 6-10。

表 6-9　公因子方差结果

成分	初始特征值			提取平方和载入			旋转平方和载入		
	合计	方差的贡献率	累积贡献率	合计	方差的贡献率	累积贡献率	合计	方差的贡献率	累积贡献率
1	7.101	23.669	23.669	7.101	23.669	23.669	3.361	11.204	11.204
2	3.286	10.953	34.622	3.286	10.953	34.622	3.200	10.668	21.872
3	2.354	7.846	42.468	2.354	7.846	42.468	2.601	8.671	30.543
4	2.042	6.807	49.275	2.042	6.807	49.275	2.410	8.034	38.577
5	1.747	5.823	55.097	1.747	5.823	55.097	2.343	7.809	46.386
6	1.433	4.777	59.874	1.433	4.777	59.874	2.296	7.653	54.039
7	1.309	4.363	64.238	1.309	4.363	64.238	2.184	7.281	61.320
8	1.161	3.872	68.109	1.161	3.872	68.109	2.037	6.789	68.109
9	0.861	2.870	70.979						

资料来源：根据调研数据分析结果整理。

表 6-10　因子旋转矩阵结果

公因子	变量	载荷	累积方差贡献率（%）
外在因素	A13	0.762	11.204
	A14	0.773	
	A15	0.735	
	A16	0.763	
	A17	0.737	

续表

公因子	变量	载荷	累积方差贡献率（%）
利己因素	A1	0. 864	21. 872
	A2	0. 841	
	A3	0. 835	
	A4	0. 831	
利他因素	A5	0. 747	30. 543
	A6	0. 722	
	A7	0. 746	
	A8	0. 752	
分享意愿	A26	0. 817	38. 577
	A27	0. 850	
	A28	0. 821	
保护型面子意识	A18	0. 725	46. 386
	A19	0. 657	
	A20	0. 728	
	A21	0. 771	
平台因素	A9	0. 704	54. 039
	A10	0. 671	
	A11	0. 725	
	A12	0. 721	
获得型面子意识	A22	0. 791	61. 320
	A23	0. 781	
	A25	0. 751	
分享行为	A29	0. 728	68. 109
	A30	0. 793	
	A31	0. 698	

资料来源：根据调研数据分析结果整理。

8 个公因子的累积方差贡献率达 68. 109%，高于 50%的标准，说明各公因子具有较好的解释能力。第一个公因子为“外在因素”，包含 A13、A14、A15、A16、A17 五个题项，因子载荷系数在 0. 735～0. 773 之间，方差贡献率为11.204%。第二个公因子为“利己因素”，包含A1、A2、A3、A4四个题项，因子载荷系数均在0.8以上，方差贡献率为10.668%。第三个公因子为“利他因素”，包含A5、A6、A7、A8四个题项，因子载荷系数在0.7以上，方差贡献率为8.671%。第四个公因子为“分享意愿”，包含A26、A27、A28三个题项，方差贡献率为8.034%。第五个公因子为“保护型面子意识”，包含A18、A19、A20、A21四个题项，因子载荷系数在0.657~0.771，方差贡献率为7.809%。第六个公因子为“平台因素”，包含A9、A10、A11、A12四个题项，各题项因子载荷系数在0.671~0.725，方差贡献率为7.653%。第七个公因子为“获得型面子意识”，包含A22、A23、A25三个题项，各题项因子载荷系数均大于0.7，方差贡献率为7.281%。第八个公因子为“分享行为”，包含A29、A30、A31三个题项，各题项因子载荷系数在0.698~0.793之间，方差贡献率为6.789%。各测量题项的因子载荷系数均在0.6以上，说明各测量题项能够较好地解释各公因子，该量表具有较好的结构效度。

4. 问卷的修正

本书的预调查问卷一共有31道量表题和10道选择题，通过对问卷量表的信度和效度检验，将量表中的第24题进行删除，剩下30道题。而后，通过与部分受访者进行交流，根据被调查者反馈的修改意见，对问卷的语义和表达进行了修订和完善，形成了用于获取研究数据的正式问卷，问卷的详细内容见附录四。

（四）正式调查情况

本书的正式调查时间在2019年2月1~15日期间，正式问卷调查主要采用线下和线上两种方式进行，以线上发放为主、线下发放为辅，通过在微信朋友圈、QQ空间转发问卷链接来收集数据，同时，根据线上样本的收集情况，进行有目的的线下问卷的收集补充。网络上发放问卷300份，回收问卷276份，实地发放问卷50份，回收44份，最终一共回收问卷320份。根据问卷填写的完整性和科学性等情况对问卷进行筛选，删除回答不完整的问卷和每道量表题都选择同一答案的问卷，一共删除了9份问卷，最终保留的有效问卷为311份，问卷有效率达97.19%。后文将对这311份问卷进行详细的数据分析。

三、旅游者的微信朋友圈分享行为分析

本节利用多元统计分析方法对样本数据进行统计分析。首先，采用描述性统计分析方法对调查样本、旅游者微信朋友圈分享行为、影响因素量表的正态分布等内容进行分析；其次，利用克朗巴哈系数和验证性因子分析对正式量表的信效度进行评价，检验量表的可靠性和结构效度；再次，利用相关分析和结构方程模型分析检验本书的理论模型和研究假设；最后，运用层级回归分析对分享意愿的中介效应和面子意识的调节效应进行验证。

（一）被调查者的人口统计学特征

人口统计学特征的描述性统计分析主要是对被调查者的性别、年龄、职业、文化程度、平均月收入等进行频数和百分比的统计分析，得出调查样本的基本情况（见表 6-11）。

表 6-11　被调查者的人口统计学特征

基本特征	分类	频数	百分比（%）	特征
性别	男	139	44. 7	较为均衡
	女	172	55. 3	
年龄	14 岁以下	11	3. 5	主要集中在 25~44 岁
	15~24 岁	53	17. 0	
	25~44 岁	173	55. 6	
	45~60 岁	53	17. 0	
	61 岁及以上	21	6. 8	
职业	公务员	16	5. 1	以企业职员和学生群体为主
	军人	11	3. 5	
	农民	16	5. 1	
	企业职员	123	39. 5	
	事业单位或非营利性机构人员	27	8. 7	
	个体户	20	6. 4	
	微商	14	4. 5	
	学生	73	23. 5	
	其他	11	3. 5	

续表

基本特征	分类	频数	百分比（%）	特征
文化程度	初中及以下	34	10.9	文化程度相对较高
	高中/职高/中专	73	23.5	
	本科/大专	147	47.3	
	硕士及以上	57	18.3	
平均月收入	2000 元以内	82	26.4	收入水平处于中下水平
	2001~5000 元	123	39.5	
	5001~10000 元	76	24.4	
	10001~20000 元	24	7.7	
	20000 元以上	6	1.9	

资料来源：根据调研数据分析结果整理。

1. 样本的性别比例

本次调查样本中，男性样本数为 139，占总样本数的 44.7%，女性样本数为 172，占样本总数的 55.3%，女性样本稍微多于男性，但总体较为均衡。

2. 样本的年龄结构

本次调查中，超过一半的被调查者的年龄段在 25~44 岁之间，占总样本的 55.6%，在 15~24 岁、45~60 岁这两个年龄段的被调查者各占 17.0%，14 岁以下和 61 岁以上的被调查者占比较少，分别为 3.5% 和 6.8%。这可能是由于大部分问卷的发放是通过身边同学朋友在朋友圈以滚雪球的方式为主，因此大多数被调查者的年龄处于 25~44 岁之间。

3. 样本的职业构成

样本数最多的职业是企业职员，有 123 人，占总样本数的 39.5%；其次是学生，有 73 人，占总样本数的 23.5%；剩下的公务员、军人、农民、事业单位或非营利性机构人员、个体户、微商等占比均不超过 10%，分别占比 5.1%、3.5%、5.1%、8.7%、6.4%、4.5%。

4. 样本的文化程度

样本中具有本科/大专学历的被调查者有 147 人，占总样本数的 47.3%；高中/职高/中专学历的有 73 人，占比 23.5%；硕士及以上学历的有 57 人，占比 18.3%；初中及以下的有 34 人，占比 10.9%。总体体现高学历特征。

5. 样本的平均月收入水平

样本中占比最高的平均月收入范围是2001~5000元，占39.5%；其次是2000元以内，有82人，占总样本数的26.4%；5001~10000元的有76人，占比24.4%；10000元以上的被调查者较少。样本的收入水平处于中下水平。

（二）基于朋友圈的旅游者分享行为特征

为了更好地了解旅游者在微信朋友圈的分享行为，本书调查了旅游者平时发朋友圈的次数、旅游时在朋友圈分享的阶段、分享形式的偏好、分享内容的偏好和分享时的情绪等内容，具体频数和百分比如表6-12所示。

表6-12　被调查者分享行为

行为特征	分类	频数	百分比（%）
每天发朋友圈数	0条	50	16.1
	1~2条	165	53.1
	3~5条	76	24.4
	6条以上	20	6.4
发朋友圈的阶段	出游前	29	9.3
	出游过程中（随拍随发）	135	43.4
	出游回来后（整理再发）	147	47.3
分享的形式（多选）	视频/音频	105	33.8
	诗歌般的文字描述	138	44.4
	旅游目的地位置坐标	182	58.5
	照片/图片	206	66.2
	故事性的文字叙述	117	37.6
	其他	3	1.0
分享的内容（多选）	美食	153	49.2
	住宿设施	150	48.2
	交通设施	117	37.6
	景色/景区景点	176	56.6
	特色商品/纪念品	110	35.4
	娱乐项目/特色活动	128	41.2
	其他	6	1.9

续表

行为特征	分类	频数	百分比（%）
分享的情绪	积极情绪 （怀着高兴、愉悦的心情分享信息）	163	52.4
	中性情绪 （并没有特别的感觉，只是单纯的记录）	100	32.2
	消极情绪 （怀着生气、难过的心情分享信息）	48	15.4

资料来源：根据调研数据分析结果整理。

其一，被调查者平均每日发朋友圈的次数。有 53.1%的被调查者平均每天会发 1~2 条朋友圈，其次有 24.4%的被调查者平均每天会发 3~5 条朋友圈，可以看出大多数旅游者对于发朋友圈有一定的依赖性。

其二，旅游时旅游者在朋友圈分享的阶段。调查发现有 43.4%的被调查者选择在旅游过程中随拍随发朋友圈，有 47.3%的被调查者是旅游完后整理再发朋友圈，两者相差不大，只有 9.3%的被调查者会在出游前发朋友圈。

其三，旅游者在朋友圈偏好的分享形式。照片/图片和旅游目的地位置坐标是人们外出旅游经常分享的形式，分别为 66.2%和 58.5%；对于文字的描述形式，诗歌般的文字描述略高于故事性的文字叙述，分别占 44.4%和 37.6%。

其四，旅游者在朋友圈偏好的分享内容。旅游者对旅游的六要素“食、住、行、游、购、娱”等内容的分享没有太大区别，最主要的分享内容依次为景色/景区景点、美食、住宿设施和娱乐项目/特色活动。

其五，旅游者在朋友圈分享旅游信息时所带的情绪。旅游者主要是怀着高兴、愉悦的心情分享旅游信息，占总样本数的 52.4%，有 32.2%的被调查者在分享时带着一种中性情绪，即仅为了记录个人旅游信息，只有 15.4%的被调查者会将自己消极的旅游情绪分享到朋友圈中。

（三）旅游者分享行为特征在人口统计学上的差异分析

采用交叉分析，研究不同人口统计学特征的人群在微信朋友圈分享行为上是否存在差异，对问卷调查的数据进行卡方检验，若 Sig. 值小于

0.05，认为检测变量之间存在显著性差异，若 Sig. 值大于 0.05，则变量之间无显著性差异。根据卡方检验结果对 Sig. 值小于 0.05 的数据进行整理，得出表 6-13。

表 6-13　卡方检验结果（显著部分）

变量	卡方值	df 值	Sig. 值	变量	卡方值	df 值	Sig. 值
C1 * B1	11.584a	3	0.009	C3 * B3-4	19.765a	8	0.011
C1 * B3-2	10.809a	1	0.001	C3 * B4-1	24.168a	8	0.002
C1 * B4-4	16.519a	1	0.000	C3 * B4-2	19.938a	8	0.011
C1 * B5	9.328a	2	0.009	C4 * B1	23.514a	9	0.005
C2 * B3-1	12.288a	4	0.015	C4 * B3-2	8.577a	3	0.035
C2 * B3-4	21.434a	4	0.000	C4 * B3-4	17.641a	3	0.001
C2 * B4-1	10.146a	4	0.038	C4 * B4-4	13.320a	3	0.004
C2 * B4-2	14.564a	4	0.006	C4 * B4-6	19.726a	3	0.000
C3 * B1	61.076a	24	0.000	C4 * B5	16.527a	6	0.011
C3 * B3-2	29.732a	8	0.000				

资料来源：根据调研数据分析结果整理。

为了更好地展现各变量之间的关系，本书根据问卷题项的设计对各变量进行编号。C1～C5 为问卷调查中的基本信息部分，依次代表性别、年龄、职业、文化程度、平均月收入。B1～B5 为问卷中旅游者分享行为特征部分，依次代表平均每天发朋友圈的次数、旅游过程中发朋友圈的阶段、分享形式、分享内容、分享的情绪。其中，对多选题的选项进行细分，如 B3-1 代表分享形式的第一个选项。从表 6-13 中可以看出，分享阶段（B2）在人口统计学变量上不存在显著性差异，其他四项行为在部分人口统计变量上存在一定差异，分享行为特征在不同的月平均收入水平上不存在差异。下面将结合交叉分析表进行详细分析。

1. 旅游者分享行为特征在性别上的差异分析

每天发朋友圈的数量（B1）、分享形式中的“诗歌般的文字描述”（B3-2）、分享内容中的“景色/景区景点”（B4-4）和分享的情绪（B5）等在性别上存在显著差异，具体差异如表 6-14 所示。在每天发朋友圈的数量上，男性在 1~2 条、3~5 条和 6 条以上的选择上所占比例均高于女性，而选择 0 条的男性所占比重低于女性，这说明了男性平均每天发朋友圈的数量要比女性多。在分享形式的喜好方面，选择“诗歌般的文字描述”的男性所占比例为 54.7%，女性所占比例为 36.0%，这表示男性更倾向于用诗歌般的文字描述来描述自己的旅游体会或经历。在分享内容的喜好上，选择“景色/景区景点”的女性所占比重为 66.9%，男性为 43.9%，说明更多的女性旅游者喜欢在微信朋友圈分享景色/景区景点方面的内容。在分享情绪上，女性选择“积极情绪”和“中性情绪”的比重均比男性高一点，而在“消极情绪”的选择上，男性所占比重更高，说明男性旅游者更容易在朋友圈中分享不好的旅游经历。

表 6-14　分享行为特征和性别的交叉分析结果

分享行为特征		男		女	
		计数	百分比（%）	计数	百分比（%）
每天发朋友圈数量	0 条	12	8.6	38	22.1
	1~2 条	76	54.7	89	51.7
	3~5 条	40	28.8	36	20.9
	≥6 条	11	7.9	9	5.2
分享形式	诗歌般的文字描述	76	54.7	62	36.0
分享内容	景色/景区景点	61	43.9	115	66.9
分享的情绪	积极情绪	65	46.8	98	57.0
	中性情绪	43	30.9	57	33.1
	消极情绪	31	22.3	17	9.9

资料来源：根据调研数据分析结果整理。

2. 旅游者分享行为特征在年龄上的差异分析

分享形式中的“视频/音频”（B3-1）和“照片/图片”（B3-4）、分享内容中的“美食”（B4-1）和“住宿设施”（B4-2）均在年龄上存在显著性差异，具体差异如表 6-15 所示。在分享形式的偏好上，14 岁以下的旅游者选择“视频/音频”这一形式的比例为 81.8%，其他年龄段的旅游者所占比重在 30%~36%，这表明 14 岁以下的旅游者更喜欢以视频/音频的形式在微信朋友圈进行分享；而对于“照片/图片”的选择上，15~24岁和25~44岁这两个年龄段的旅游者更喜欢以照片/图片的形式在微信朋友圈进行分享。在分享内容上，在15~24岁年龄段之间的旅游者中，有64.2%的旅游者喜欢分享美食，与其他年龄段的旅游者相比，该年龄段的旅游者更喜欢在微信朋友圈上分享美食；而对于“住宿设施”的选择上，14岁以下的旅游者更多地选择分享住宿设施。

表6-15　分享行为特征和年龄的交叉分析结果

年龄		分享形式		分享内容	
		视频/音频	照片/图片	美食	住宿设施
14岁以下	计数	9	1	5	7
	百分比（%）	81.8	9.1	45.5	63.6
15~24岁	计数	19	38	34	18
	百分比（%）	35.8	71.7	64.2	34
25~44岁	计数	53	124	87	84
	百分比（%）	30.6	71.7	50.3	48.6
45~60岁	计数	17	30	18	24
	百分比（%）	32.1	56.6	34	45.3
61岁及以上	计数	7	13	9	17
	百分比（%）	33.3	61.9	42.9	81

资料来源：根据调研数据分析结果整理。

3. 分享行为特征在职业上的差异分析

每天发朋友圈的数量（B1）、分享形式中的“诗歌般的文字描述”（B3-2）和“照片/图片”（B3-4）、分享内容中的“美食”（B4-1）和“住宿设施”（B4-2）等在职业上存在显著差异，具体差异如表6-16所示。在每天发朋友圈的数量上，大多数公务员、农民、企业职员、事业单位人员、微商、学生每天都是发1~2条朋友圈，而更多军人平均每天会发3~5条朋友圈。在分享形式的选择上，军人、农民、企业职员、微商等职业的旅游者更多地喜欢使用诗歌般的文字描述，而公务员、企业职员、事业单位人员、个体户、学生等职业的旅游者更偏爱照片/图片的分享形式。

在分享内容上，农民、事业单位人员、个体户、学生等职业群体选择“美食”所占比例更高，即在微信朋友圈分享时，他们更偏爱分享食物类旅游产品，而公务员、军人、农民、企业职员、个体户、微商等职业群体更偏爱分享住宿类产品。

表 6-16　分享行为特征和职业的交叉分析结果

职业		每天发朋友圈数量				分享形式		分享内容	
		0 条	1~2 条	3~5 条	≥6 条	诗歌般的文字描述	照片/图片	美食	住宿设施
公务员	计数	0	8	6	2	5	13	5	8
	百分比（%）	0	50.0	37.5	12.5	31.3	81.3	31.3	50.0
军人	计数	0	3	6	2	7	6	3	8
	百分比（%）	0	27.3	54.5	18.2	63.6	54.5	27.3	72.7
农民	计数	1	9	5	1	9	6	9	10
	百分比（%）	6.3	56.3	31.3	6.3	56.3	37.5	56.3	62.5
企业职员	计数	13	70	31	9	63	79	48	66
	百分比（%）	10.6	56.9	25.2	7.3	51.2	64.2	39.0	53.7
事业单位职员	计数	8	13	6	0	10	21	18	11
	百分比（%）	29.6	48.1	22.2	0	37.0	77.8	66.7	40.7
个体户	计数	4	7	7	2	5	15	10	11
	百分比（%）	20.0	35.0	35.0	10.0	25.0	75.0	50.0	55.0
微商	计数	1	7	4	2	12	6	5	8
	百分比（%）	7.1	50.0	28.6	14.3	85.7	42.9	35.7	57.1

续表

职业		每天发朋友圈数量				分享形式		分享内容	
		0 条	1~2 条	3~5 条	≥6 条	诗歌般的文字描述	照片/图片	美食	住宿设施
学生	计数	15	45	11	2	27	49	46	28
	百分比（%）	20.5	61.6	15.1	2.7	37.0	67.1	63.0	38.4
其他	计数	8	3	0	0	0	11	9	0
	百分比（%）	72.7	27.3	0	0	0	100	81.8	0

资料来源：根据调研数据分析结果整理。

4. *旅游者分享行为特征在文化程度上的差异分析*

每天发朋友圈的数量（B1）、分享形式中的“诗歌般的文字描述”（B3-2）和“照片/图片”（B3-4）、分享内容中的“景色/景区”（B4-4）和“娱乐项目/特色活动”（B4-5）、分享的情绪（B5）等在职业上存在显著差异，具体差异如表 6-17 所示。在每天发朋友圈的数量上，在各个文化程度当中，每天发 1~2 条朋友圈的旅游者均占比较高，每天发 3~5 条和 6 条以上的旅游者文化程度集中在高中/职高/中专和本科/大专上，硕士及以上和初中及以下所占比重较少。在分享形式上，硕士及以上学历的旅游者选择“诗歌般的文字描述”的占 29.8%，比其他学历水平的旅游者要低，这说明高学历者对于“诗歌般的文字描述”这一分享形式的偏爱较低，而对于照片/图片这一分享形式，学历水平越高所占比重越高，这说明了学历越高，对于照片/图片这一分享形式的偏爱越高。在分享内容上，对于“景色/景区”的选择也是学历越高，选择人数所占比例越高；在“娱乐项目/特色活动”的选择上，高中/职高/中专程度的旅游者选择人数占该水平总人数的 42.5%，硕士及以上选择的占该水平总人数的 64.9%，这说明高中/职高/中专和硕士及以上学历的旅游者较为喜欢在朋友圈中分享娱乐项目/特色活动等。在分享的情绪上，大多数旅游者在朋友圈分享的情绪均为积极情绪，具有本科/大专学历的旅游者更多地选择中性情绪，而具有高中/职高/中专文化程度的旅游者选择消极情绪的所占比例最高，表明具有高中/职高/中专水平的旅游者更容易因为不满而在朋友圈中分享自己的旅游体会。

表 6-17　分享行为特征和文化程度的交叉分析结果

分享行为特征		初中及以下		高中/职高/中专		本科/大专		硕士及以上	
		计数	百分比（%）	计数	百分比（%）	计数	百分比（%）	计数	百分比（%）
每天发朋友圈数量	0 条	4	11.8	7	9.6	22	15.0	17	29.8
	1~2 条	22	64.7	35	47.9	77	52.4	31	54.4
	3~5 条	8	23.5	25	34.2	34	23.1	9	15.8
	≥6 条	0	0	6	8.2	14	9.5	0	0
分享形式	诗歌般的文字描述	17	50.0	40	54.8	64	43.5	17	29.8
	照片/图片	15	44.1	47	64.4	95	64.6	49	86.0
分享内容	景色/景区	15	44.1	37	50.7	80	54.4	44	77.2
	娱乐项目/特色活动	8	23.5	31	42.5	52	35.4	37	64.9
分享的情绪	积极情绪	23	67.6	34	46.6	70	47.6	36	63.2
	中性情绪	5	14.7	21	28.8	57	38.8	17	29.8
	消极情绪	6	17.6	18	24.7	20	13.6	4	7.0

资料来源：根据调研数据分析结果整理。

四、旅游者微信朋友圈分享行为的影响因素分析

（一）影响因素测量量表的描述性统计分析

对旅游者微信朋友圈分享行为的影响因素测量量表进行描述性统计分析的目的主要有两个：一是检验样本数据是否服从正态分布；二是对旅游者微信朋友圈分享行为的影响因素的影响力大小做简单分析。为此，本书对 31 个观测变量的均值、标准差、方差、偏度、峰度等进行描述分析，数据结果如表 6-18 所示。

表 6-18　观测变量的描述性统计结果

潜变量	观测变量	均值	标准差	方差	偏度	峰度
利己因素（3.87）	A1	3.86	1.128	1.272	-0.845	-0.031
	A2	3.90	1.134	1.286	-0.932	0.073
	A3	3.91	1.103	1.218	-0.923	0.130
	A4	3.81	1.143	1.307	-0.920	0.119
利他因素（3.72）	A5	3.75	1.087	1.182	-0.731	0.031
	A6	3.71	1.099	1.208	-0.618	-0.173
	A7	3.77	1.095	1.200	-0.813	0.189
	A8	3.66	1.122	1.259	-0.670	-0.122
平台因素（3.60）	A9	3.59	0.969	0.939	-0.249	-0.184
	A10	3.59	1.015	1.030	-0.429	0.068
	A11	3.59	1.037	1.075	-0.387	-0.299
	A12	3.63	0.998	0.995	-0.461	0.011
外在因素（3.71）	A13	3.76	1.049	1.101	-0.610	-0.100
	A14	3.66	1.092	1.193	-0.651	-0.055
	A15	3.76	1.078	1.163	-0.587	-0.219
	A16	3.69	1.051	1.104	-0.548	-0.204
	A17	3.70	1.070	1.146	-0.604	-0.200
保护型面子意识（3.66）	A18	3.76	1.092	1.192	-0.625	-0.256
	A19	3.72	1.051	1.104	-0.486	-0.365
	A20	3.61	1.013	1.026	-0.343	-0.307
	A21	3.56	1.058	1.119	-0.371	-0.195
获得型面子意识（3.64）	A22	3.64	1.092	1.092	-0.444	-0.410
	A23	3.69	1.079	1.164	-0.626	-0.126
	A25	3.59	1.080	1.166	-0.384	-0.414
分享意愿（3.62）	A26	3.67	1.131	1.279	-0.608	-0.289
	A27	3.59	1.212	1.469	-0.591	-0.531
分享行为（3.77）	A28	3.61	1.098	1.205	-0.543	-0.310
	A29	3.78	1.043	1.088	-0.652	-0.005
	A30	3.77	1.035	1.072	-0.556	-0.272
	A31	3.76	0.984	0.969	-0.549	-0.082

资料来源：根据调研数据分析结果整理。

1. 样本数据正态分布情况检验

本书利用 SPSS 软件对旅游者朋友圈分享行为的影响因素进行信效度检验，并利用 Amos 软件构建结构方程模型，模型参数估计需要采用最大似然法，因此，要对样本数据进行描述性统计分析，查看数据是否服从正态分布。从观测变量的数据输出结果可以看出，31 个观测变量的均值分布较为集中，均在 3.56~3.91，每个观测变量的标准差介于 0.969~1.143，方差在 0.939~1.469，总样本数据离散程度不大。在一般研究中，判断样本数据是否服从正态分布的指标是观测变量的偏度和峰度，当观测变量的偏度绝对值小于 3，同时峰度绝对值小于 10，说明样本数据服从正态分布。从表 6-18 的数据结果可知，30 个观测变量的偏度系数的绝对值在 0.249~0.932，峰度系数的绝对值均在 0.005~0.531，均符合参考标准，这表明样本数据符合正态分布，最大似然法可以被用来作为研究模型的参数估计。

2. 旅游者微信朋友圈分享行为影响因素的影响力情况分析

利己因素、利他因素、平台因素、外在因素、保护型面子意识、获得型面子意识等影响因素的均值分别为 3.87、3.72、3.60、3.71、3.66、3.64，均在 3.5 以上，说明各个影响因素对旅游者在微信朋友圈的分享行为均有一定的影响，其中，利己因素的影响最大，依次为利他因素、外在因素、保护型面子意识、获得型面子意识、平台因素。利己因素中的测量题项“A2 通过朋友圈分享旅游经历使我感到快乐”“A3 通过朋友圈分享旅游经历使我加强与他人的联系（评论交流、点赞等）”均值最高，说明在微信朋友圈分享所获得的愉悦感、和朋友沟通交流的机会对旅游者在朋友圈中的分享行为的影响更大。

（二）影响因素测量量表的信度与效度检验

1. 影响因素测量量表的信度检验

本书运用 IBM SPSS Statistics 21.0 软件对正式调查问卷数据进行信度分析，具体结果如表 6-19 所示。结果显示，正式调查数据的整体 Cronbach's α 系数高达 0.957，远大于 0.9。另外，利己因素、利他因素、平台因素、外在因素、保护型面子意识、获得型面子意识、分享意愿、分享行为等潜变量的 Cronbach's α 系数分别为 0.915、0.879、0.814、0.898、0.799、0.838、0.881、0.795，均超过 0.7，同时各题项校正项总计相关性（CITC）也都大于 0.3，说明本次问卷量表的内在信度很高，具有良好的内在一致性。

表 6-19 信度检验结果

潜变量	题项	CITC	α-if deleted	Cronbach's α
利己因素	A1	0.797	0.893	0.915
	A2	0.801	0.891	
	A3	0.799	0.892	
	A4	0.826	0.883	
利他因素	A5	0.735	0.846	0.879
	A6	0.752	0.839	
	A7	0.761	0.836	
	A8	0.704	0.858	
平台因素	A9	0.620	0.773	0.814
	A10	0.612	0.776	
	A11	0.667	0.750	
	A12	0.634	0.766	
外在因素	A13	0.749	0.876	0.898
	A14	0.771	0.871	
	A15	0.724	0.881	
	A16	0.778	0.869	
	A17	0.718	0.882	
保护型面子意识	A18	0.599	0.755	0.799
	A19	0.567	0.770	
	A20	0.633	0.739	
	A21	0.649	0.730	
获得型面子意识	A22	0.730	0.746	0.838
	A23	0.682	0.794	
	A25	0.691	0.785	
分享意愿	A26	0.768	0.834	0.881
	A27	0.801	0.805	
	A28	0.746	0.853	
分享行为	A29	0.667	0.689	0.795
	A30	0.593	0.768	
	A31	0.656	0.704	
量表总体的 α 值为 0.957				

资料来源：根据调研数据分析结果整理。

2. 影响因素测量量表的效度检验

在预调查时，本书采用探索性因子分析验证了初始问卷的结构效度，对于正式调查的数据，本书采用 Amos 21.0 以最大似然法为估计方法进行验证性因子分析，从而进一步验证问卷的结构效度。

模型拟合程度衡量标准如下：第一，检验模型的拟合程度（见表 6-20）。衡量模型的拟合程度一般是考察两个模型之间的相似程度和差异程度。相似程度一般用 GFI、CFI、TLI 等指标来衡量，其值最高为 1，一般研究中，指标值如果大于 0.9，那么两个模型之间的相似程度较高，如果值在 0.8~0.9 之间，也可视为具有一定的相似程度。而差异程度则用 RMSEA、SRMR 等进行衡量，差异最小值为 0，一般以小于 0.08 为标准。另外，卡方自由度之比也是模型拟合程度常用指标之一，一般认为卡方自由度之比小于 3 为理想值，3~5 为可接受范围。第二，检验模型的内在质量。研究中一般采用因子载荷、临界比值（C. R.）、显著性水平、组合信度（CR）、平均提取方差（AVE）来进行衡量。因子载荷一般要求在 0.5 以上，C. R. 值要大于 1.96，显著性水平用 P 值衡量，一般 P 值小于 0.05 时，认为因子具有显著性，组合信度和平均提取方差是衡量量表聚合效度的主要标准，当组合信度的值大于 0.7、平均提取方差值大于 0.5 时，说明测量量表具有较好的聚合效度。

表 6-20　结构方程模型拟合程度标准

拟合指标	卡方自由度之比（χ^2/df）	近似误差均方根（RMSEA）	拟合优度指数（GFI）	规范拟合数（NFI）	修正拟合数（IFI）	比较拟合指数（CFI）
参考值	<3	<0.08	>0.9	>0.9	>0.9	>0.9

资料来源：根据调研数据分析结果整理。

（1）影响因素的验证性因子分析。从前面研究可知，影响因素具有四个维度，分别为利己因素、利他因素、平台因素和外在因素。对正式调查的 311 份数据进行验证性因子分析，得出影响因素测量模型（见图 6-2）及其拟合指标（见表 6-21）。结果显示，$\chi^2/df=1.392<3$，$RMSEA=0.033<0.08$，$GFI=0.946>0.9$，$NFI=0.956>0.9$，$IFI=0.989>0.9$，$CFI=0.989>0.9$，各项模型拟合指标均非常理想，从整体来看，影响因素测量模型能够较好地拟合数据，说明影响因素测量量表具有较好的结构效度。

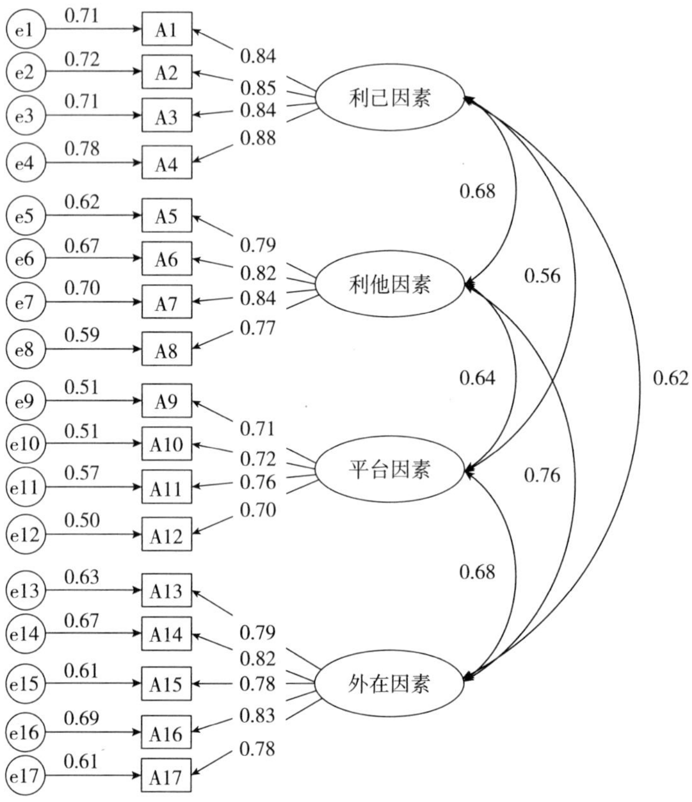

图 6-2　影响因素验证性因子分析模型

表 6-21　影响因素测量模型的拟合指标

拟合指标	卡方自由度之比（χ^2/df）	近似误差均方根（RMSEA）	拟合优度指数（GFI）	规范拟合数（NFI）	修正拟合数（IFI）	比较拟合指数（CFI）
模型	1.392	0.033	0.946	0.956	0.989	0.989

表 6-22 为影响因素测量模型的路径系数及其显著性结果，影响因素各测量题项在所测维度上的因子载荷在 0.705～0.882，均大于 0.5；在非标准化结果中，各路径系数临界比值 C.R. 值在 11.007～19.709，大于其参考值 1.96，各路径的 P 值均在 0.001 的水平下显著。另外，利己因素、利他因素、平台因素和外在因素的 CR 值分别为 0.915、0.880、0.815、

0.899，均大于0.7，AVE值分别为0.730、0.646、0.524、0.640，均大于参考值0.5。因此，影响因素各维度具有非常好的内部结构。

表 6-22 影响因素验证性因子分析结果

	标准化因子载荷	临界比值（C.R.）	P值	组合信度（CR）	平均提取方差（AVE）
A4←利己因素	0.882	—	—	0.915	0.730
A3←利己因素	0.844	19.627	***		
A2←利己因素	0.846	19.709	***		
A1←利己因素	0.844	19.614	***		
A8←利他因素	0.770	—	—	0.880	0.646
A7←利他因素	0.836	15.304	***		
A6←利他因素	0.818	14.951	***		
A5←利他因素	0.790	14.356	***		
A12←平台因素	0.705	—	—	0.815	0.524
A11←平台因素	0.757	11.531	***		
A10←平台因素	0.716	11.019	***		
A9←平台因素	0.715	11.007	***		
A17←外在因素	0.781	—	—	0.899	0.640
A16←外在因素	0.829	15.728	***		
A15←外在因素	0.780	14.584	***		
A14←外在因素	0.816	15.420	***		
A13←外在因素	0.793	14.892	***		

注：*** 表示 $p<0.001$，** 表示 $p<0.01$，* 表示 $p<0.05$。

资料来源：根据调研数据分析结果整理。

（2）面子意识的验证性因子分析。从前面研究可知，面子意识具有两个维度，分别为保护型面子意识和获得型面子意识。通过对面子意识数据进行验证性因子分析，得出面子意识测量模型（见图6-3）及其拟合指标（见表6-23）。结果显示，$\chi^2/df=1.402<3$，$RMSEA=0.036<0.08$，$GFI=0.985>0.9$，$NFI=0.979>0.9$，$IFI=0.994>0.9$，$CFI=0.994>0.9$，各项模型拟合指标均非常理想，从整体来看，面子意识测量模型能够较好地拟合数据，说明面子意识测量量表具有较好的结构效度。

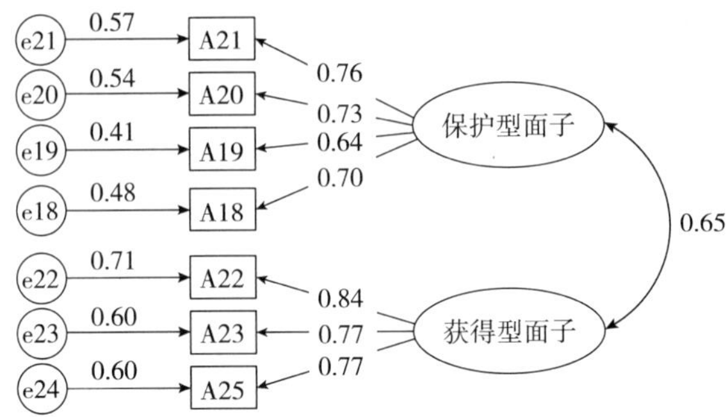

图 6-3　面子意识验证性因子分析模型

表 6-23　面子意识测量模型的拟合指标

拟合指标	卡方自由度之比（χ^2/df）	近似误差均方根（RMSEA）	拟合优度指数（GFI）	规范拟合数（NFI）	修正拟合数（IFI）	比较拟合指数（CFI）
模型	1. 402	0. 036	0. 985	0. 979	0. 994	0. 994

资料来源：根据调研数据分析结果整理。

表 6-24 为面子意识测量模型的路径系数及其显著性结果，面子意识各测量题项在所测维度上的因子载荷在 0. 644~0. 842，均大于 0. 5；在非标准化结果中，各路径系数临界比值 C. R. 值在 9. 726~13. 852，大于其参考值 1. 96，各路径的 P 值均在 0. 001 的水平下显著。另外，保护型面子意识和获得型面子意识的 CR 值分别为 0. 801、0. 839，均大于 0. 7，AVE 值分别为 0. 502、0. 635，均大于 0. 5。因此，面子意识各维度具有非常好的内部结构。

表 6-24　面子意识验证性因子分析结果

	标准化因子载荷	临界比值（C. R. ）	P 值	组合信度（CR）	平均提取方差（AVE）
A18←保护型面子	0. 696	—	—	0. 801	0. 502
A19←保护型面子	0. 644	9. 726	***		
A20←保护型面子	0. 732	10. 796	***		
A21←保护型面子	0. 757	11. 046	***		

续表

	标准化因子载荷	临界比值（C. R.）	P 值	组合信度（CR）	平均提取方差（AVE）
A25←获得型面子	0.772	—	—	0.839	0.635
A23←获得型面子	0.774	13.126	***		
A22←获得型面子	0.842	13.852	***		

注：*** 表示 p<0.001，** 表示 p<0.01，* 表示 p<0.05。
资料来源：根据调研数据分析结果整理。

（3）分享意愿的验证性因子分析。分享意愿是一个单维变量，其验证性因子分析模型如图 6-4 所示。表 6-25 为分享意愿测量模型的路径系数及其显著性结果，其各测量题项因子载荷在 0.806～0.892，均大于 0.5；在非标准化结果中，各路径系数临界比值 C. R. 值为 17.137 和 15.966，均大于其参考值 1.96，各路径的 P 值均在 0.001 的水平下显著。另外，分享意愿的 CR 值为 0.883，大于 0.7，AVE 值为 0.716，大于 0.5。因此，分享意愿具有非常好的内部结构。

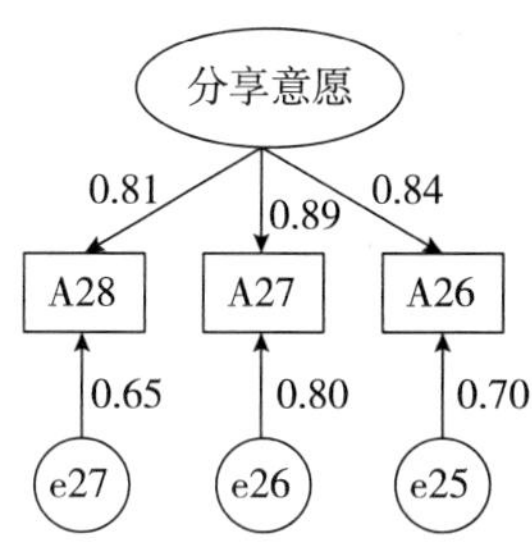

图 6-4　分享意愿验证性因子分析模型

表 6-25　分享意愿验证性因子分析结果

	标准化因子载荷	临界比值（C. R.）	P 值	组合信度（CR）	平均提取方差（AVE）
A26←分享意愿	0.837	—	—	0.883	0.716
A27←分享意愿	0.892	17.137	***		
A28←分享意愿	0.806	15.966	***		

注：*** 表示 p<0.001，** 表示 p<0.01，* 表示 p<0.05。
资料来源：根据调研数据分析结果整理。

（4）分享行为的验证性因子分析。分享行为是一个单维变量，其验证性因子分析模型如图 6-5 所示。表 6-26 为分享行为测量模型的路径系数及其显著性结果，其各测量题项因子载荷在 0.676～0.803，均大于 0.5；在非标准化结果中，各路径系数临界比值 C.R. 值为 10.396 和 10.860，均大于其参考值 1.96，各路径的 P 值均在 0.001 的水平下显著。另外，分享意愿的 CR 值为 0.798，大于 0.7，AVE 值为 0.569，大于 0.5，因此，分享行为具有非常好的内部结构。

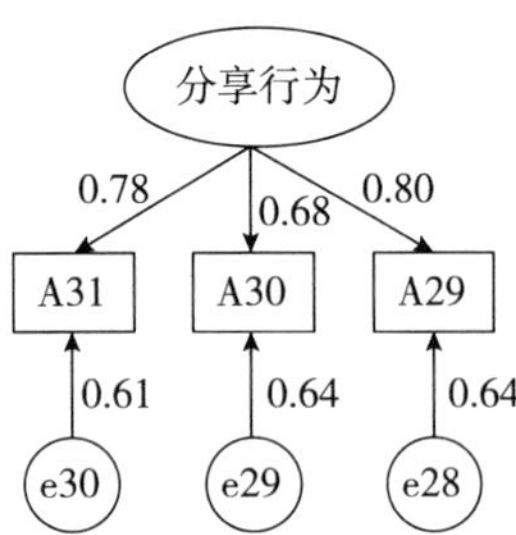

图 6-5　分享行为验证性因子分析模型

表 6-26　分享行为验证性因子分析结果

	标准化因子载荷	临界比值（C.R.）	P 值	组合信度（CR）	平均提取方差（AVE）
A29←分享行为	0.803	—	—	0.798	0.569
A30←分享行为	0.676	10.396	***		
A31←分享行为	0.778	10.860	***		

注：*** 表示 $p<0.001$，** 表示 $p<0.01$，* 表示 $p<0.05$。
资料来源：根据调研数据分析结果整理。

综上所述，利用 Cronbach's α 系数和验证性因子分析对测量量表的信效度进行检验，各项指标均达到标准要求，因此，正式调查问卷具有良好的信度和效度。

（三）影响因素变量之间的相关性分析

本部分采用相关分析法对影响因素各变量之间的相关性进行分析。相关分析是用来分析客观事物之间关系的数量分析方法。对各潜变量之间进行相关分析主要有两大作用：一是检验各潜变量之间是否存在多重共线性，为后续回归分析奠定基础；二是通过相关分析来预测各潜变量之间的因果关系。研究通常采用 Person 相关分析来对样本数据进行分析，相关系数用字母 r 来表示，并且 r 值在-1～1。如果 r 为正数，表示两个变量之间属于正相关关系；如果 r 为负数，则表示两变量之间为负相关关系；当 r 为 1 时，表示两个变量之间是完全正相关关系；当 r 为-1 时，表示两个变量之间是完全负相关关系；当 r 为 0 时，说明变量之间不存在线性相关关系。r 的绝对值一般用来衡量变量间的相关程度，r 的绝对值越大，两者之间的相关度越强，r 的绝对值越接近 0，两者之间的相关度越弱，具体等级划分如表 6-27 所示。另外，通常认为如果相关系数在 0.75 以上则可能存在多重共线性问题。

表 6-27 |r| 的取值及相关程度

|r| 值	相关程度
0.00～0.19	极低相关
0.20～0.39	低度相关
0.40～0.69	中度相关
0.70～0.89	高度相关
0.90～1.00	极度相关

资料来源：根据调研数据分析结果整理。

本书运用 Person 相关分析来探讨利己因素、利他因素、平台因素、外在因素、面子意识、分享意愿、分享行为等变量之间的相关关系，各变量之间的相关性分析的具体结果如表 6-28 所示。

表 6-28 变量之间的相关性

	1	2	3	4	5	6	7	8
利己因素	1							
利他因素	0.613**	1						
平台因素	0.487**	0.541**	1					
外在因素	0.567**	0.676**	0.587**	1				
保护型面子意识	0.577**	0.566**	0.537**	0.587**	1			
获得型面子意识	0.509**	0.643**	0.646**	0.613**	0.541**	1		
分享意愿	0.493**	0.579**	0.492**	0.598**	0.410**	0.546**	1	
分享行为	0.635**	0.584**	0.514**	0.542**	0.535**	0.525**	0.394**	1

注：** 表示在 0.01 水平（双侧）上显著相关。

资料来源：根据调研数据分析结果整理。

结果显示，各变量之间均在 0.01 水平上显著相关，并且各相关系数均在 0.75 以下，说明这几个变量之间不存在多重共线性。利己因素、利他因素、平台因素、外在因素 4 个自变量之间的相关性在 0.487~0.676，属于中度相关，说明这几个影响因素之间具有内在联系。获得型面子意识和保护型面子意识 2 个调节变量之间的相关性为 0.541，属于中度相关。分享意愿和分享行为之间的相关系数为 0.394，属于低度相关。各自变量与分享意愿和分享行为两个因变量之间的相关系数均介于 0.410~0.635，属于中度相关。上述相关分析结果在一定程度上预测了本书所提出的假设结果，但没有深入挖掘各个变量之间的内在因果关系及作用程度，要深入挖掘各变量之间的依存关系，就要在相关分析的基础上进行进一步的分析。

（四）旅游者微信朋友圈分享行为影响因素模型检验与分析

根据前文的理论基础，按照理论模型，建立了如图 6-6 所示的初始结构模型。模型分为四大部分，即影响因素、面子意识、分享意愿和分享行为，共计 8 个潜变量，30 个测量指标。影响因素分为四个潜变量：利他因素、利己因素、平台因素和外在因素，面子意识分为两个潜变量：保护型面子意识和获得型面子意识。

1. 理论模型的检验

本书利用 Amos 21.0 软件，对 311 份样本进行运算分析，模型拟合优度结果如表 6-29 所示。结果显示，$\chi^2/df=2.066<3$，$RMSEA=0.059<0.08$，$GFI=0.880<0.9$，$NFI=0.870<0.9$，$IFI=0.928>0.9$，$CFI=0.928>0.9$，结果表明，初始结构模型具有较好的拟合优度，由于个别指标未达到最佳值，所以需要对模型进行修正。

表 6-29　初始模型拟合优度

拟合指标	卡方自由度之比（χ^2/df）	近似误差均方根（RMSEA）	拟合优度指数（GFI）	规范拟合数（NFI）	修正拟合数（IFI）	比较拟合指数（CFI）
模型	2.066	0.059	0.880	0.870	0.928	0.928

资料来源：根据调研数据分析结果整理。

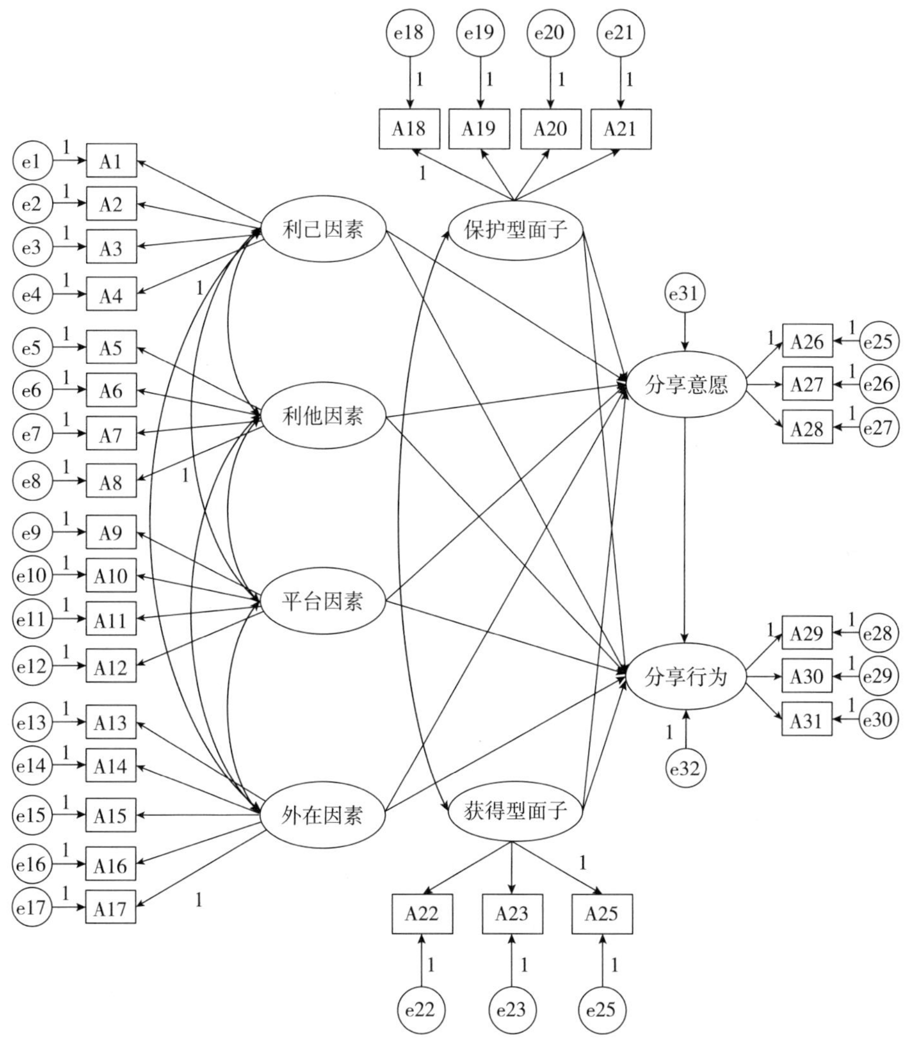

图 6-6　初始结构模型

本书根据路径系数显著性检验的标准来验证假设是否成立，当 C. R. 值的绝对值大于 1.96，且 P 值小于 0.05 时，可以认为初始假设成立，6-30 为结构方程模型中的非标准化输出结果。从表 6-30 可以看出，在 13 个研究假设中，只有 H1、H2a、H2b、H3a、H3b、H4b、H5a、H7a 8 个假设临界比值和 P 值达到假设路径的检验标准，因此这 8 个假设成立。对于不成立的假设，将会在模型修正的过程中进行适当的调整或删除，以便完善整个结构方程模型。

表 6-30　初始模型路径分析结果

路径	标准化回归系数	临界比值（C. R.）	P 值	检验结果
H1：分享行为←分享意愿	0.159	1.976	0.048	成立
H2a：分享意愿←利己因素	0.223	2.656	0.038	成立
H2b：分享行为←利己因素	0.470	5.711	***	成立
H3a：分享意愿←利他因素	0.212	2.141	0.032	成立
H3b：分享行为←利他因素	0.241	2.293	0.022	成立
H4a：分享意愿←平台因素	0.091	1.092	0.275	不成立
H4b：分享行为←平台因素	0.189	2.14	0.032	成立
H5a：分享意愿←外在因素	0.333	3.368	***	成立
H5b：分享行为←外在因素	0.064	0.609	0.542	不成立
H6a：分享意愿←保护型面子	-0.150	-1.894	0.058	不成立
H6b：分享行为←保护型面子	0.104	1.257	0.209	不成立
H7a：分享意愿←获得型面子	0.250	3.183	0.001	成立
H7b：分享行为←获得型面子	0.109	1.305	0.192	不成立

注：*** 表示 $p<0.001$，** 表示 $p<0.01$，* 表示 $p<0.05$。

资料来源：根据调研数据分析结果整理。

2. 理论模型的修正

结构方程模型的修正一般是参考 MI 值，两个变量之间的 MI 值越大，说明变量之间的相关关系越大，需要通过相关的方法来进行调整，表 6-31 是模型各变量之间的 MI 值。除此之外，还可以通过增加或删除路径来对模型进行调整，初始模型中，假设“H4a：分享意愿←平台因素”“H5b：分享行为←外在因素”“H6b：分享行为←保护型面子”“H7b：分享行为←获得型面子”等的 C. R. 值的绝对值和 P 值都与推荐标准存在较大差距，因此，本书尝试删除这 4 条路径，而假设“H6a：分享意愿←保护型面子”的 C. R. 值的绝对值，略小于 1.96，P 值为 0.058，暂时先保留这一路径。

表 6-31　模型调整参考表

	MI 值
平台因素↔获得型面子	16.362
利他因素↔获得型面子	8.635
保护型面子↔利己因素	13.827

资料来源：根据调研数据分析结果整理。

通过修正之后的模型拟合优度结果如表 6-32 所示。结果显示 $\chi^2/df=1.175<3$，$RMSEA=0.024<0.08$，$GFI=0.924>0.9$，$NFI=0.939>0.9$，$IFI=0.990>0.9$，$CFI=0.990>0.9$，修正后的各项指标均有变化，且都使模型达到了更好的拟合效果。在路径系数显著性检验中，发现假设“H6a：分享意愿←保护型面子”依然达不到显著结果，因此对其进行删除，最终只有 8 个研究假设成立，其中，保护型面子的两项假设均不成立，在最终输出模型中将该潜变量进行删除，最终模型图输出结果如图 6-7 所示。

表 6-32 最终模型拟合优度

拟合指标	卡方自由度之比（χ^2/df）	近似误差均方根（RMSEA）	拟合优度指数（GFI）	规范拟合数（NFI）	修正拟合数（IFI）	比较拟合指数（CFI）
模型	1.175	0.024	0.924	0.939	0.990	0.990

资料来源：根据调研数据分析结果整理。

3. *直接效应检验*

在模型修改的过程中，对不成立的假设进行删除，最终留下 8 条路径，如表 6-33 所示。从表 6-33 可以看出，分享意愿对分享行为的回归系数为 0.182，P 值为 0.043，说明分享意愿对分享行为具有正向影响；利己因素、利他因素、外在因素和获得型面子对分享意愿的回归系数分别为 0.211、0.231、0.334 和 0.228，P 值分别为 0.033、0.020，小于 0.001 和 0.012，这说明利己因素、利他因素、外在因素和获得型面子意识对旅游者分享意愿具有正向影响，且外在因素对分享意愿的影响效应更大；利己因素、利他因素、平台因素对分享行为的标准化回归系数分别为 0.452、0.305、0.265，P 值均小于 0.001，这表明利己因素、利他因素和平台因素正向影响旅游者分享行为，其中，利己因素的影响效应最大。根据现有的直接影响效应，分享意愿可能具有一定的中介效应，需要对其进行进一步的检验。在第三章的理论研究模型中，对面子意识的调节作用进行了假设，虽然关于面子意识的部分假设被删除，但其调节效应还有可能存在，下文将采用回归分析法对分享意愿的中介效应和面子意识的调节效应进行检验分析。

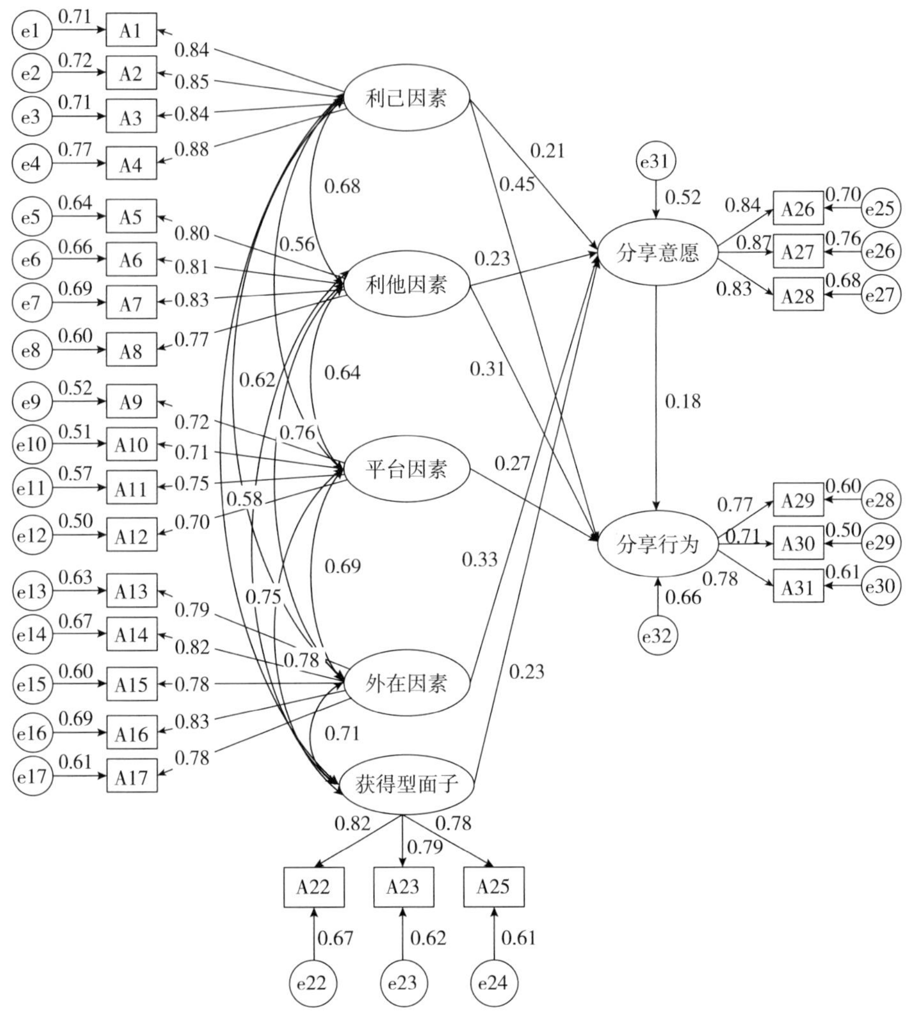

图 6-7　最终结构模型

表 6-33　最终模型路径分析结果

路径	标准化回归系数	临界比值（C. R.）	P 值	检验结果
H1：分享行为←分享意愿	0. 182	2. 058	0. 043	成立
H2a：分享意愿←利己因素	0. 211	2. 035	0. 033	成立
H2b：分享行为←利己因素	0. 452	6. 020	***	成立
H3a：分享意愿←利他因素	0. 231	2. 336	0. 020	成立

续表

路径	标准化回归系数	临界比值（C. R.）	P 值	检验结果
H3b：分享行为←利他因素	0.305	3.293	***	成立
H4b：分享行为←平台因素	0.265	3.444	***	成立
H5a：分享意愿←外在因素	0.334	3.688	***	成立
H7a：分享意愿←获得型面子	0.228	2.513	0.012	成立

注：*** 表示 $p<0.001$，** 表示 $p<0.01$，* 表示 $p<0.05$。

资料来源：根据调研数据分析结果整理。

4. 模型检验与分析小结

本部分对本书的理论模型和影响因素对分享行为的直接效应进行了检验，结果指出原理论模型具有一定的拟合效度，但部分假设不显著，对模型进一步修正后，得出最终的基于微信朋友圈的旅游者分享行为的影响因素模型。其中，分享意愿对分享行为具有正向影响，利己因素、利他因素、外在因素、获得型面子意识对分享意愿具有正向影响，利己因素、利他因素、平台因素对分享行为具有直接的正向影响，而保护型面子意识对分享意愿和分享行为都没有显著影响，因此在模型中予以删除。

（五）研究模型的中介效应与调节效应检验

1. 分享意愿的中介效应检验

变量的中介效应有几个衡量的标准条件：首先，自变量（X）和因变量（Y）之间、自变量（X）和中介变量（M）之间、中介变量（M）和因变量（Y）之间均具有显著的关系；其次，加入中介变量（M）后，如果自变量（X）与因变量（Y）之间的关系仍然具有显著性，则该中介变量（M）为部分中介，相反，自变量（X）与因变量（Y）之间的关系不再显著，则该中介变量（M）为完全中介。

本书采用多层回归分析法来检验分享意愿的中介效应。在进行中介效应验证之前，为了避免多重共线性问题需要对数据进行去中心化处理。通过数据整理，得出中介效应结果，如表 6-34 所示。

表 6-34 分享意愿的中介效应

		模型一	模型二	模型三
		Y=分享行为	M=分享意愿	Y=分享行为
X	利己因素	0.296***	0.132***	0.305***
	利他因素	0.145*	0.219**	0.161**
	平台因素	0.126*	0.120	0.135*
	外在因素	0.057	0.325***	0.080
	保护型面子	0.109	-0.102	0.102
	获得型面子	0.069	0.177*	0.082
M	分享意愿	—	—	0.328***
R^2		0.502	0.449	0.506
adjusted R^2		0.492	0.439	0.495
F		51.122***	41.368***	44.393***

注：***表示 $p<0.001$，**表示 $p<0.01$，*表示 $p<0.05$。

资料来源：根据调研数据分析结果整理。

结果显示，只有利己因素和利他因素满足中介效应检验的 4 个标准，这表明分享意愿只在利己因素、利他因素与分享行为之间起到中介作用。利己因素、利他因素与分享行为的回归系数分别为 0.296 和 0.145，且分别在 0.001 水平下和 0.05 水平下显著相关；利己因素、利他因素与分享意愿的回归系数分别为 0.132 和 0.219，并分别在 0.001 水平下和 0.01 水平下显著相关。在模型三中，分享意愿与分享行为的回归系数为 0.328，且在 0.001 的水平下显著相关，同时，利己因素和利他因素与分享行为的回归系数分别为 0.305 和 0.161，且分别在 0.001 水平下和 0.01 水平下显著相关，说明分享意愿分别在利己因素和分享行为之间、利他因素和分享行为之间起到部分中介作用。

2. 面子意识的调节效应检验

前面研究提到保护型面子意识和获得型面子意识对利己因素、利他因素、平台因素、外在因素与分享意愿之间的关系具有调节作用，本部分采用多层回归分析法来检验面子意识的调节效应。

在进行数据分析前需要对数据进行去中心化处理，并算出调节变量和被调节变量之间的交互项，除此之外，还需引入人口统计学相关题目作为控制变量，检验结果如表 6-35 所示。调节效应检验标准为交互项的显著情况，从表 6-35 的模型四可以看出，获得型面子意识与利己因素和外在因素的交互项回归系数分别为 0.302 和-0.244，并分别在 0.001 水平下和 0.01 水平下关系显著，这说明获得型面子意识会增强利己因素对分享意愿的影响，且会削弱外在因素对分享意愿的影响，支持验证了假设 H7c 和 H7f，保护型面子意识的调节效应检验不显著，保护型面子意识对四大影响因素和分享意愿之间的调节效应假设不成立。

表 6-35 面子意识的调节效应

	模型一	模型二	模型三	模型四
控制变量				
性别	0.068	-0.051	-0.054	-0.063
年龄	0.442***	0.144*	0.144*	0.160*
职业	-0.098***	-0.004	-0.015	-0.009
文化程度	-0.088	-0.146**	-0.147**	-0.117*
平均月收入	0.047	-0.022	-0.024	-0.005
每天发朋友圈数	0.128	0.173**	0.157**	0.092
自变量				
利己因素		0.078	0.092	0.225**
利他因素		0.205**	0.163*	0.189**
平台因素		0.188**	0.138	0.225**
外在因素		0.323***	0.311***	0.360***
调节变量				
保护型面子意识			-0.115	-0.055
获得型面子意识			0.173*	0.231***
交互项				
利己因素 * 保护型面子				-0.068
利己因素 * 获得型面子				0.302***
利他因素 * 保护型面子				0.051
利他因素 * 获得型面子				-0.022
平台因素 * 保护型面子				0.041
平台因素 * 获得型面子				0.102
外在因素 * 保护型面子				0.152

续表

	模型一	模型二	模型三	模型四
外在因素 * 获得型面子				-0.244**
R^2	0.312	0.488	0.501	0.549
ΔR^2	0.312	0.175	0.014	0.048
ΔF	23.020***	25.649***	4.143*	3.837***

注：*** 表示 $p<0.001$，** 表示 $p<0.01$，* 表示 $p<0.05$。

资料来源：根据调研数据分析结果整理。

本章小结

本章首先基于现有的研究结论，对理性行为理论、社会认知理论、社会交换理论、面子理论等相关理论进行整合，从利己因素、利他因素、朋友圈平台因素、外在因素、面子意识、分享意愿、分享行为等方面构建了本书的概念模型，并在此基础上提出了本书的主要假设。

接着以相关研究文献为基础，参考借鉴了相关研究的成熟量表，设计了测量量表，结合专家意见形成了预调查问卷，对回收数据进行分析并结合被调查者的反馈，对量表进行进一步修正和完善，得到正式调研的调查问卷，进行线上和线下的问卷发放与回收。

最后，通过描述性统计分析对旅游者的人口统计特征和基于朋友圈的旅游者分享行为特征和影响因素进行了分析，通过交叉分析揭示了旅游者分享行为特征在性别、年龄、职业和文化程度等人口统计学特征上存在的差异。运用结构方程模型分析，发现：分享意愿对分享行为具有正向影响，利己因素、利他因素、外在因素、获得型面子意识等对分享意愿具有正向影响，利己因素、利他因素、平台因素对分享行为具有直接的正向影响，而保护型面子意识对分享意愿和分享行为都没有显著影响。层级回归分析法的分析结果则显示，分享意愿分别在利己因素和分享行为之间、利他因素和分享行为之间起到部分中介作用，获得型面子意识对利己因素对分享意愿的影响和外在因素对分享意愿的影响具有调节作用，保护型面子意识在影响因素和分享意愿之间不存在调节作用。

第七章

旅游者网络搜索旅游景区信息的偏好与满意度研究

为了深入剖析旅游景区新媒体营销，前面章节已经探讨了三方面的内容：一是旅游景区自建新媒体渠道营销的情况；二是基于携程网游记讨论了长期存在型网络口碑传播的现状；三是基于微信朋友圈探讨了旅游者分享旅游景区信息的行为及其影响因素。这三部分研究已经从旅游景区视角探讨了旅游景区新媒体营销的现状，接下来本章将从新媒体营销受众视角探讨旅游者搜寻旅游景区信息的偏好与满意度，以便为构建更合理的旅游景区营销策略提供依据。

一、问卷设计与数据收集

（一）调查问卷的设计

信息搜寻是购买决策过程中的重要环节之一。由于旅游产品具有无形性、不可储存性、不可转移性等特征，旅游者购买决策存在更大的风险性和不确定性，这使得其对旅游景区信息的数量需求更多、质量要求更高。随着互联网技术的快速发展，越来越多的旅游者通过网络搜集旅游景区信息，规划旅游行程，购买旅游景区产品或服务。因此，对旅游者网络搜索旅游景区信息偏好与满意度展开研究，对于旅游景区新媒体营销非常重要与迫切。

本调查问卷的题项在参考相关研究文献的基础上，根据旅游者网络搜索旅游景区信息偏好与满意度的相关研究，进行修改后形成。旅游者网络搜索旅游景区信息的偏好与满意度调查问卷（见附录五）包括三部分内容：

第一部分为旅游者的人口统计学信息，包含性别、年龄、职业、文化程度、月收入等内容；

第二部分为旅游者网络搜索旅游景区信息的偏好，包括搜索动机、搜索设备、搜索开始时间、搜索时间长度以及偏好的信息呈现形式等内容；

第三部分为旅游者网络搜索旅游景区信息的重要性与满意度调查，包括景区介绍，景区地图及交通信息，景区相关住宿信息，景区相关餐饮信息，景区娱乐项目及相关活动，景区门票等价格信息，景区土特产、旅游纪念品等购物信息，景区当地天气状况，景区当地文化，景区联络或投诉电话，景区的网友评价 11 个评价指标的李克特量表，其中每个评价指标设置了五个打分指标，1～5 分依次代表着非常不重要～非常重要。

（二）调查问卷的发放与收回

为完善问卷设计，提高数据质量，本书于 2017 年 2 月通过互联网发放并回收了 43 份问卷。随后，为保证问卷的可靠性、一致性和稳定性，首先对问卷进行了信度分析。本书利用 SPSS 22.0 对问卷信度进行检测，结果显示，问卷的总体信度系数为 0.948>0.8，问卷具有较高的一致性。进一步对问卷的第二部分和第三部分进行分析，得到克朗巴哈值 α 分别为 0.789 和 0.859，克朗巴哈值 α 均大于 0.7，达到信度要求的标准，能够有效地反映出研究的内容。同时，对问卷中存在争议的题项进行修改，最终确定了正式问卷。

本调查问卷的调查对象主要为旅游前进行过旅游景区信息搜索的旅游者。从 2017 年 3 月 10 日到 4 月 8 日之间，采用实地发放、网络发放等方式，共发放 400 份问卷，收回问卷 317 份。因信息不全或不符合调查对象等原因，剔除无效问卷 84 份，共筛选出有效问卷 233 份，有效问卷回收率为 73.5%，确保了数据的真实性和代表性。

二、被调查旅游者的人口统计特征分析

如表 7-1 所示，在所获取的 233 份有效问卷中，男性占比 46.35%，女性占比 53.64%，女性被调查者偏多。

表 7-1　样本人口特征的描述性统计

项目	项目分类	占比（%）
性别	男	46.35
	女	53.65
年龄	15 岁以下	0.43
	16~30 岁	39.91
	31~45 岁	51.07
	46~65 岁	8.59
职业	事业单位或非营利性机构人员	27.90
	企业职员	24.46
	公务员	21.89
	学生	12.01
	个体户	3.86
	军人	0.43
	农民	0.43
	其他	9.83
文化程度	硕士及以上	29.61
	本科及大专	60.52
	高中/职高/中专	7.73
	初中及以下	2.15
平均月收入	2000 元以内	14.59
	2001~5000 元	32.19
	5001~10000 元	38.62
	10001~20000 元	11.17
	20000 元以上	3.43

资料来源：根据调研数据分析结果整理。

在年龄方面，16~30 岁和 31~45 岁的被调查者分别占到 39.91%和 51.07%，两者之和超过总样本的 90%。中青年通常熟悉网络，具有一定的经济实力出游，且有对旅游景区信息进行搜索的需要，年龄集中分布在这个区间符合现实情况。

在职业方面，事业单位或非营利性机构人员占比 27.90%，企业职员占比 24.46%，公务员占比 21.89%，学生占比 12.01%，个体户占比 3.86%，其余占比 10.69%。可见，从事职业分布比较分散，并不具有明显特征。

在文化程度方面，本科及大专学历的占比 60.52%，硕士及以上的占比 29.61%，高中/职高/中专的占比 7.73%，初中及以下的占比 2.15%。从这些数据不难看出，学历较高或者说文化程度较高的人是网络搜寻旅游景区信息的主力群体。

在收入方面，月收入 5001~10000 元的占比最高，为 38.62%，其次是月收入为 2001~5000 元的群体，比例为 32.19%，两者合计数为 70.81%，占据绝大多数。可见，该群体中等收入特征表现比较明显。

三、旅游者网络搜索旅游景区信息的偏好分析

（一）旅游者网络搜索旅游景区信息的常用设备

由图 7-1 可知，旅游者在网络搜索旅游景区信息时，最常用的网络设备是手机，使用者的比率达到 78.97%，其次是台式电脑/手提电脑，所占比率为 17.60%，平板电脑和车载电脑使用得很少。这一结果与《中国互联网络发展状况统计报告》的调查结果基本吻合。旅游景区在营销时，应当考虑旅游者搜索旅游景区信息的常用设备的功能，以方便旅游者对景区信息的搜索。因此，手机上的，尤其是智能手机上的旅游景区新媒体营销将是未来发展的重要趋势。

（二）旅游者网络搜索旅游景区信息的途径

从表 7-2 可以看出，旅游者对旅游景区信息进行搜索时采用的途径首先是百度、谷歌等网络搜索引擎，可见，目前大多数人在网络上搜索旅游景区还是依赖引擎导航；其次是微信，可见由于智能终端技术的发展，微信的公众号、朋友圈等功能为网上搜索旅游景区信息提供了平台；再次是马蜂窝、途牛、携程等的游记，众所周知，网络游记已经成为旅游者，尤其是自助旅游者出行前规划行程和购买决策的重要参考；接着是旅游景区官方网站和微博、博客；最后是新浪、网易、搜狐等的旅游频道和其他。

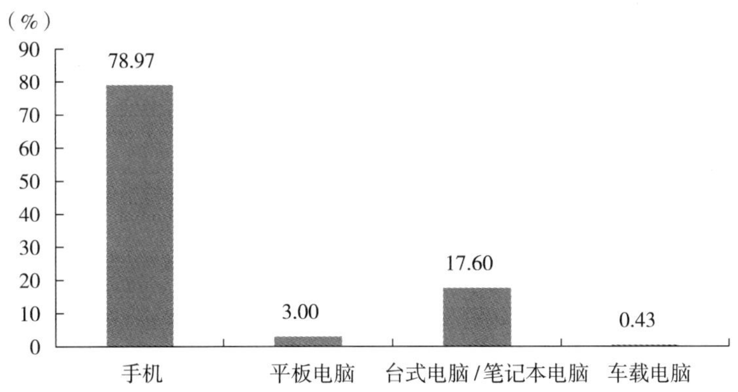

图 7-1　搜索旅游景区信息时常用的设备

资料来源：根据调研数据分析结果整理。

因此，旅游景区依托网络进行新媒体营销时，除了考虑常规的搜索引擎和旅游网站之外，还应当重点考虑微信、网络游记、微博等新媒体营销手段。

表 7-2　搜索旅游景区信息的网络渠道

		响应		个案数的百分比（%）
		N	百分比（%）	
搜索旅游景区信息的网络来源	网络搜索引擎（百度、谷歌等）	186	25.50	79.80
	马蜂窝、途牛、携程等的游记	127	17.40	54.50
	旅游景区官方网站	93	12.80	39.90
	微博、博客	79	10.90	33.90
	微信（公众号、朋友圈信息等）	159	21.80	68.20
	新浪、网易、搜狐等的旅游频道	53	7.30	22.70
	其他	31	4.30	13.30
总计		728	100.00	312.4

资料来源：根据调研数据分析结果整理。

（三）旅游者网络搜索旅游景区信息的开始时间

如图 7-2 所示，旅游者网络搜索旅游景区信息的开始时间，主要集中在“1 个月前”“半月前”“1 周前”三个选项上；80%以上的旅游者在出游前2个月内搜索信息，2个月前网络搜索信息的人所占比重较少；出游前1个月以内网络搜索信息的占比约为65%。可见，出行前的2个月内是旅游者搜索旅游景区信息的重点时间段，旅游景区应该在五一、暑假、国庆等出游高峰期的前2个月开始进行旅游景区新媒体营销，并且在出游高峰期的前1个月加强营销强度。

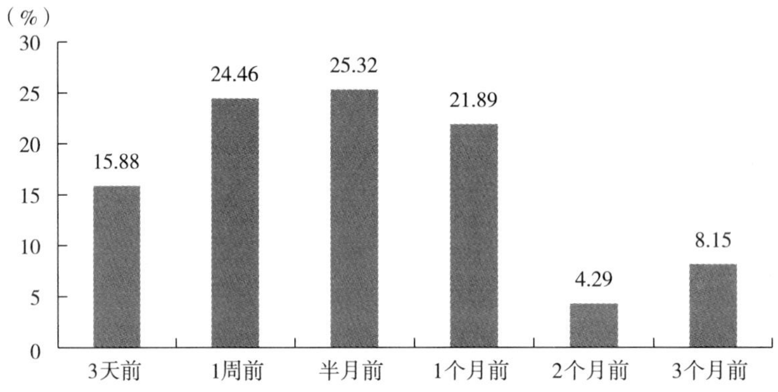

图7-2　网络搜索旅游景区信息的开始时间

资料来源：根据调研数据分析结果整理。

（四）旅游者网络搜索旅游景区信息的时间长度

从图7-3可以看出，旅游者每次上网搜索旅游景区信息的时间最多集中在30分钟以内，占比45.49%；其次是31~60分钟，占比37.34%；再次是1~2小时，占比14.59%。1小时以内时长的频数累计达到82.83%。由此可见，旅游者每次搜索旅游景区的时间多数在1小时以内，这就要求景区营销时，应当注意信息的直观和简洁，避免一些不必要的冗长无趣的内容。

（五）旅游者偏好的旅游景区信息呈现形式

如表7-3所示，旅游者在网络搜索旅游景区时，关注的信息呈现形式从高到低依次为“图片”“文字”“视频/音频”“特别推荐”等，因此，旅游景区在营销时，要吸引旅游者的关注，应当采用旅游者更为喜爱的信息呈现方式。

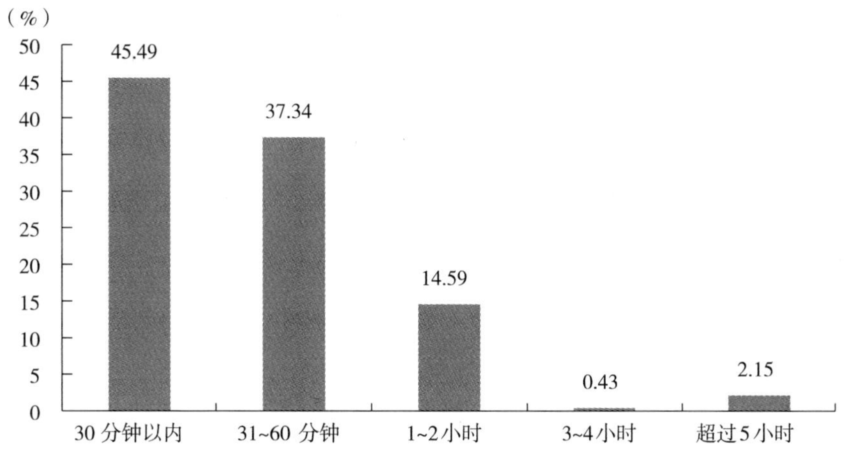

图 7-3　每次上网搜寻旅游景区信息的时间

资料来源：根据调研数据分析结果整理。

表 7-3　偏好的旅游景区信息呈现方式

		响应		个案数的百分比（%）
		N	百分比（%）	
偏好的旅游景区信息呈现方式	文字	176	28.80	75.50
	图片	213	34.80	91.40
	视频/音频	114	18.60	48.90
	动画	27	4.40	11.60
	弹窗	6	1.00	2.60
	特别推荐	63	10.30	27.00
	其他	13	2.10	5.60
总计		612	100.00	262.70

资料来源：根据调研数据分析结果整理。

四、旅游者网络搜索旅游景区信息内容的偏好与满意度分析

（一）旅游者网络搜索旅游景区信息内容的偏好分析

为了更详细了解旅游者对旅游景区信息内容的偏好，本问卷设置了信

息内容的题干，包括景区介绍，景区门票等价格信息，景区相关住宿信息，景区相关餐饮信息，景区娱乐项目及相关活动，景区地图、交通信息，景区土特产、旅游纪念品等购物信息，景区当地天气状况，景区当地文化，景区联络或投诉电话，景区的网友评价等口碑信息 11 个评价指标。为了更好地反映旅游者对旅游景区的信息搜索关注度，采用李克特五点量表，要求受访者用 1（非常不关注）~5（非常关注）的定级方法表明自己对旅游景区信息内容的关注度。

如图 7-4 所示，得分最高的是景区地图、交通信息，分值为 4.39，这说明景区地图、交通信息是旅游者最为关注的旅游景区信息；其次，景区的介绍、天气状况、价格、网络口碑、住宿以及当地文化 6 个指标的均值得分都高于 4，景区的餐饮、娱乐项目和联络或投诉电话等选项的均值得分也高于 3.5，这说明上述选项都是旅游者所关注的信息；最后，景区土特产、旅游纪念品等购物的均值得分只有 3.2，说明旅游者对此类信息不是特别关注。

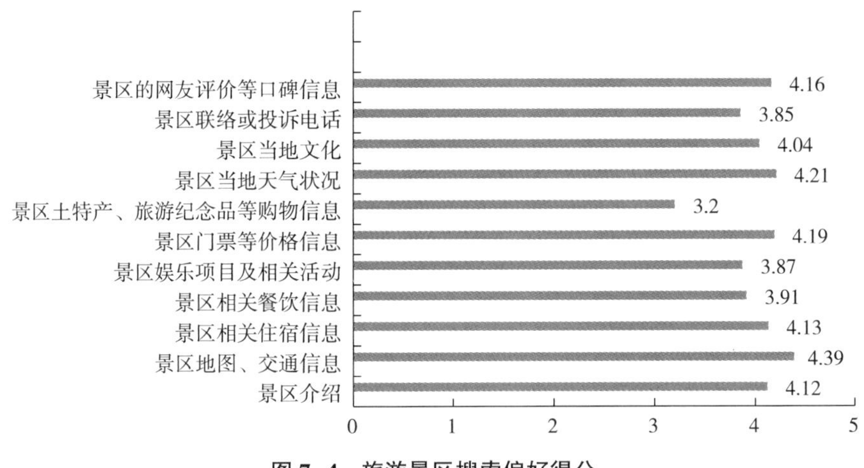

图 7-4　旅游景区搜索偏好得分

资料来源：根据调研数据分析结果整理。

（二）旅游者网络搜索旅游景区信息的满意度分析

如图 7-5 所示，旅游者网络搜索旅游景区信息内容的 11 个指标中，满意度的平均得分普遍偏低，基本处于 3~3.5；按照满意度得分从低到高排序，景区土特产、旅游纪念品等购物信息满意度是得分最低的指标，只

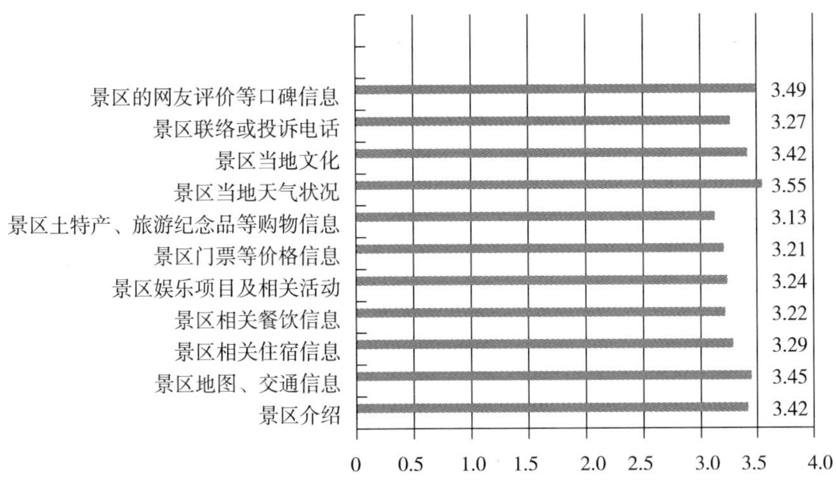

图 7-5　旅游景区信息搜索满意度平均得分

资料来源：根据调研数据分析结果整理。

有 3.13；其次是门票价格、景区餐饮信息、景区娱乐信息、景区住宿信息、景区联系或投诉信息；再次是景区当地文化、景区介绍、景区地图和交通信息、当地天气状况以及景区评价信息等。可见，旅游者普遍对在网络上搜索的旅游景区信息不太满意，尤其是对“吃”“住”“娱”“购”等方面信息的满意度偏低。

（三）网络搜索旅游景区信息内容的 IPA 分析

IPA 分析，即重要性—绩效性分析，该方法用所有评价指标的平均重要性和平均绩效来构建 4 个象限，将各项评价指标按其重要性和绩效性的得分情况分布在这 4 个象限内，并对其进行分析和阐释。

如表 7-4 所示，指标层所有评价指标的重要性，即关注度的均值为 4.01；绩效性，即满意度的均值为 3.34。如图 7-6 所示，本书首先将指标层各评价指标的关注度作为 4 个象限图的横坐标轴，游客满意度作为纵坐标轴；其次将 4 个象限中横坐标分割点取值定为所有评价指标关注度的均值 4.01，纵坐标分割点取值定为所有指标满意度评价的均值 3.34；最后根据各项指标的关注度和满意度得分，将其分别纳入 4 个象限中，得出 IPA 分析结果。

表 7-4　网络搜索旅游景区信息内容的 IPA 分析结果

指标	均值	重要性排序	均值	满意度排序
景区介绍	4.12	6	3.42	4
景区门票等价格信息	4.19	3	3.21	10
景区相关住宿信息	4.13	5	3.29	6
景区相关餐饮信息	3.91	8	3.22	9
景区娱乐项目及相关活动	3.87	9	3.24	8
景区地图及交通信息	4.39	1	3.45	3
景区土特产、旅游纪念品等购物信息	3.2	11	3.13	11
景区当地天气状况	4.21	2	3.55	1
景区当地文化	4.04	7	3.42	4
景区联络或投诉电话	3.85	10	3.27	7
景区的网友评价等口碑信息	4.16	4	3.49	2
总均值	4.01	—	3.34	—

资料来源：根据调研数据分析结果整理。

从图 7-6 可知，第一象限为“继续保持区”，即同时具有高关注度和高满意度的要素，总共有 5 个要素在第一象限，分别为“1. 景区介绍”“2. 景区地图、交通信息”“8. 景区当地天气状况”“9. 景区当地文化”“11. 景区的网友评价等口碑信息”。这说明上述指标是旅游者高度关注的旅游景区信息，目前旅游景区提供的相关信息已经能够较好地满足旅游者需要。

第二象限为“供给过度区”，即关注度较低但满意度较高的要素，本书中的 11 个指标没有一个落在该象限，说明旅游景区在这 11 个评价指标信息的供给上，不存在供过于求的情况。这也印证了旅游者网络搜索旅游景区信息内容指标的满意度平均得分普遍低于关注度平均得分。

第三象限为“缓慢改进区”，即关注度和满意度同时都低的要素，一共有 4 个，分别为“4. 景区相关餐饮信息”“5. 景区娱乐项目及相关活动”“7. 景区土特产、旅游纪念品等购物信息”“10. 景区联络或投诉电话”。尽管旅游者对这四个方面的信息关注度不高，但是作为旅游景区，其提供的相关信息却也没能很好地满足旅游者的需要。在旅游景区以后的

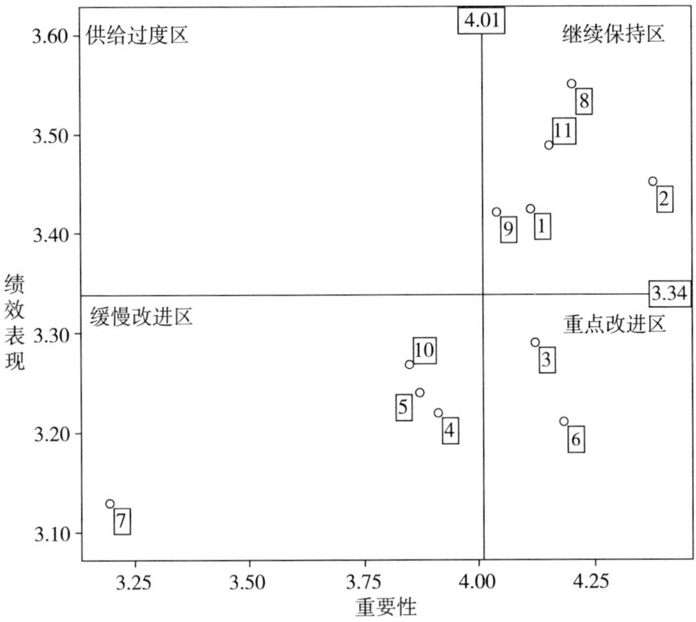

图 7-6 网络搜索旅游景区信息内容的 IPA 分析图

注：1. 景区介绍；2. 景区地图、交通信息；3. 景区相关住宿信息；4. 景区相关餐饮信息；5. 景区娱乐项目及相关活动；6. 景区门票等价格信息；7. 景区土特产、旅游纪念品等购物信息；8. 景区当地天气状况；9. 景区当地文化；10. 景区联络或投诉电话；11. 景区的网友评价等口碑信息。

资料来源：根据调研数据分析结果整理。

新媒体营销过程中，旅游景区应当进一步丰富这些方面的信息内容。

第四象限为“重点改进区”，即关注度高且满意度低的要素，一共有 2 个，分别为“3. 景区相关住宿信息”“6. 景区门票等价格信息”。这说明旅游者高度关注这两个方面的信息，但是目前旅游景区提供的相关信息较难得到旅游者的认同。因此，该方面信息应当是旅游景区新媒体营销中重点建设的内容。

本章小结

本章在参考相关研究文献的基础上，设计了旅游者网络搜索旅游景区信息的偏好与满意度调查问卷。问卷具体包括旅游者的人口统计学信息、旅游者网络搜索旅游景区信息的偏好、旅游者网络搜索旅游景区信息内容的 IPA 分析三部分内容。对问卷调查获取的数据进行分析，得到如下结论：

第一，使用网络搜索旅游景区信息的旅游者存在一些人口统计学特征。性别方面，女性略微多于男性；年龄方面，以 16~30 岁和 31~45 岁的中青年为主；职业方面，从事职业分布比较分散，并不具有明显特征；文化程度方面，学历较高或者说文化程度较高的人是主力群体；收入方面，以月收入 5001~10000 元和 2001~5000 元的群体为主，中等收入特征表现比较明显。

第二，旅游者搜索旅游景区信息的行为上存在偏好。首先，旅游者进行信息搜索的主要原因是为出游做准备，因此他们一般需要的是较为实用的信息。信息搜索时间也会提前到出游前 1 个月、半个月或前一周，但其搜索过程所花费的时间并不长，一般在 1 小时以内。其次，随着移动互联网的发展，手机的功能日益强大，手机成为旅游者进行网络搜索时最常用的设备，网络搜索引擎和微信则成为旅游者最常用的信息来源。最后，随着新媒体技术的发展，信息的呈现形式也日益丰富，“图片”“文字”“视频/音频”和“特别推荐”等成为最受旅游者青睐的信息呈现方式。

第三，旅游者搜索旅游景区信息的内容上存在偏好。旅游者最为关注的旅游景区信息是景区介绍、地图、交通等，最不关注的是景区土特产、旅游纪念品等购物信息；旅游者普遍对在网络上搜索的旅游景区信息不太满意，特别是对“吃”“住”“娱”“购”等方面信息的满意度偏低；需要重点改进的信息包括住宿信息、景区门票等价格信息，此外，还需要逐步完善餐饮信息、景区娱乐项目及相关活动、购物信息、景区联络或投诉电话等信息。

第八章 旅游景区的新媒体营销策略

通过前面章节的分析，已经了解到旅游景区的自建新媒体渠道营销现状，基于携程网游记的旅游景区网络口碑传播的现状，基于微信朋友圈的旅游者分享旅游景区信息行为及其影响因素，旅游者网络搜索旅游景区信息的偏好与满意度，并已经勾画出旅游景区新媒体营销的现状与不足，以及旅游者对旅游景区新媒体营销的偏好和满意度。本章将在此基础上，提出相应的旅游景区新媒体营销策略。

一、依托智慧景区建设，健全新媒体营销渠道

（一）依托智慧景区来发展

从2010年九寨沟提出建设“智慧九寨”开始，全国各地开始智慧旅游景区建设的探索。智慧景区是利用云计算、物联网、移动通信等信息技术，整合景区现有旅游信息化建设成果，构建的智慧旅游体系。新媒体营销是智慧旅游景区的重要组成部分，必然需要依托智慧景区建设来发展。具体地主要从以下两方面来展开：

一是加强景区的互联网基础设施建设。快捷、通畅的网络环境是建设智慧旅游景区的基础，也是智慧旅游景区为游客提供多元化服务的基础。智慧旅游景区需要建设全覆盖的、高速的基础网络作为信息的传播通道，构建光纤数据网络、无线网络、移动通信网络等，在旅游景区中建立全方位、多层次的通信网络体系和信息高速通道。这些也是旅游景区新媒体营销所需要的互联网基础设施。

二是建设旅游景区数据中心。数据中心作为智慧旅游景区的基础设施，能够为旅游景区的各类应用系统提供云计算和云存储的硬件资源，为

旅游景区的各类应用提供数据交换和共享的资源池。它是旅游景区的中枢神经，集中存储和管理各类核心数据，其中包括旅游者个人数据和消费数据，为管理者的营销决策提供了依据。因此，旅游景区数据中心的建设非常重要，也关系着旅游景区营销的有效性。

（二）完善自有新媒体营销渠道

旅游景区必须构建自己的官方新媒体营销渠道，才能深入、全面地进行旅游景区信息传播。这需要做到以下两点：

一是自主建设多个新媒体营销渠道。不同类别的旅游者对旅游景区信息搜索来源的选择有所不同；不同的新媒体营销渠道也都有不同的特点，吸引着不同的旅游者。因此，旅游景区要尽量避免只建设一个官方的新媒体营销渠道，应根据景区营销需要建设官方网站、官方微信公众号、官方微博等多元化、立体化的官方新媒体营销渠道，以便扩大旅游景区营销受众范围，提升旅游景区的知名度。

二是确保各类官方新媒体营销渠道的唯一性。目前，部分景区的官方营销渠道识别度低、影响力弱，甚至较为混乱，例如在微信公众号中搜索“漓江”，出现漓江、漓江风景区等多个不同公众号，官方微信公众号位列第八，排名靠后。因此，旅游景区在新媒体营销过程中，应该统一各个官方新媒体营销渠道上的名称，并进行官方认证，增强旅游景区信息的权威性和真实性，方便旅游者获取有用信息，从而形成有效的营销。

（三）加强与第三方新媒体平台合作

目前，携程、去哪儿、马蜂窝以及途牛等与旅游相关的第三方平台发展迅速，而且具有知名度高、传播速度快、浏览量多等优势。各个旅游景区在开展新媒体营销时，可以深入与知名旅游网络平台的合作。

一是拓展与第三方平台在旅游景区产品宣传、销售方面的合作。携程、艺龙等第三方新媒体平台不仅为旅游者提供旅游景区的相关信息，还销售景区门票、住宿、跟团游以及所在地市的机票、车船票等旅游产品，因此，旅游景区可以通过战略联盟、联合营销等方式，加强与第三方旅游平台的合作，借助第三方旅游平台的知名度，共同完善旅游景区的旅游指南以及景区内部不同旅游线路设计的动态、静态相关信息等，提升旅游景区的知名度，并为旅游者的购买决策提供帮助。

二是深入与第三方平台在网络游记、攻略方面的合作。马蜂窝、穷游等第三方新媒体平台都有攻略或游记的网络虚拟社区。旅游攻略或游记能够长期存在于新媒体上，供信息搜索者获取，是旅游景区网络口碑营销的重要途径。因此，旅游景区应联合第三方旅游平台，通过邀请知名度高的游记作者游览景区并为景区撰写旅游攻略，或者举办游记征文大赛、优秀摄影作品评选等活动，提升旅游者的关注度，增加旅游景区知名度。同时，通过评价积分等活动，引导或鼓励旅游者对旅游景区进行评价，尤其是积极正面的评价，促使更多旅游者产生购买决策。

（四）借助即时通信的分享渠道

基于移动互联网的微信、QQ 等即时通信 App，具有简单的操作界面、丰富的分享形式、实时的互动功能，获得了众多互联网用户的青睐，也成为网络口碑传播的重要途径之一。因此，各旅游景区可以借助即时通信的分享渠道，开展有针对性的、互动性强的新媒体营销。

一是利用即时通信 App 的旅游者大数据。旅游者普遍会在微信朋友圈或 QQ 消息圈、日志等上面，通过单聊、群聊、发语音、发图片、发位置、实时音频、实时视频等多种方式分享旅游经历。旅游景区可以通过购买腾讯公司服务等方式，利用其用户的朋友圈或消息圈大数据，筛选出不同的目标群体，针对性地推送旅游景区营销内容，实现精准营销。

二是深挖旅游景区 App 功能。随着智慧旅游景区的建设，相当数量的旅游景区开始与信息技术企业合作研发旅游景区 App，不仅解决了景区导航、产品预订等功能，也提供与旅游者的互动，实现了一部手机游景区。在分享时代，旅游景区可以进一步探索在旅游景区 App 上的旅游景区信息，能便捷地链接或主动推送旅游者的微信朋友圈或 QQ 消息圈实现即时分享。

二、以旅游者需求为导向，塑造鲜明的旅游景区形象

（一）重视旅游者的需求偏好

由于旅游产品具有无形性、不可转移性、生产与消费的统一性等特

征，旅游者出行的不确定性因素会很多，消费风险会增加。只有数量更多、质量更高、针对性更强的旅游景区信息，才能够烙上深刻的旅游景区形象，促进购买决策。因此，旅游景区必须做到以下两方面：

一是关注新媒体使用群体的消费习惯和发展趋势。为了更好地进行新媒体营销，旅游景区应当关注新媒体的主要使用人群，即大专以上学历的中青年。通过定期关注互联网调查报告，如互联网信息办公室发布的《中国互联网络发展状况统计报告》，或是观察身边使用新媒体，尤其在智能终端上使用新媒体的中青年的关注热点、搜索习惯等，了解这些群体的消费习惯或变化趋势，构建能够引起网民共鸣、与时共进的旅游景区新媒体营销形象。

二是关注目标旅游市场的需求偏好。通过一线员工的观察或询问、旅游者的意见反馈、请专业公司或专家调研等方式，明确旅游景区的目标旅游市场，并进一步获取目标旅游市场中旅游者的出行偏好以及旅游信息需求，从而对旅游景区的形象定位以及新媒体营销方案进行针对性的改进，以取得更好的营销效果。

（二）塑造旅游景区的鲜明形象

在新媒体时代，旅游景区可利用的新媒体渠道多元、旅游景区信息繁杂，旅游者的精力和时间资源正在被各种信息抢夺。在此背景下，旅游景区只有凸显鲜明形象，持续传播旅游景区的特色或个性，才能促使旅游者更快速、更深入地了解旅游景区，形成深刻印象，产生购买决策。

一是提炼旅游景区形象。鲜明的形象是人们对旅游景区的旅游资源、服务和环境等认知的总结性概括，是对旅游景区内外价值进行凝练和提升，展示其吸引力和独特性的重要途径。旅游景区应从自身拥有的自然旅游资源和人文旅游资源中，结合旅游者的需求，提炼出独一无二的旅游景区形象。例如，本书所提及的部分桂林旅游景区就可以基于喀斯特地貌的特点，进一步找寻自身特点，配以喀斯特地貌科学知识以及吸引眼球的图片、视频，突出自身独特的景观形象。

二是构建旅游景区的形象识别系统。形象识别系统是指旅游景区有意识、有计划地将自己各种特征向社会公众主动地展示与传播，以便旅游者更好地识别并留下深刻良好的印象。它包括理念识别、行为识别和视觉识别。理念识别需要旅游景区在长期经营过程中构建自己的价值准则和文化观念，以及经营思想和发展战略。行为识别需要旅游景区在理念指导下规范企业员工对内和对外的各种行为。视觉识别需要旅游景区设计商标、标志、品牌、商品外包装、建筑外观等，向旅游者展现、传达旅游景区的理念，树立旅游景区的鲜明形象。在设计视觉识别时，要结合自身的独特形象，考虑代表性、辨识度高等特点，设计简短、美观、鲜明的景区标识。

三是突显旅游景区特色。旅游景区应围绕自身形象，在形象识别系统的基础上，结合旅游者的需求偏好，整合旅游景区的资源，开发独具特色的旅游产品或服务体系，激发旅游者的消费欲望，形成良好的口碑宣传，从而实现更多的经济和社会效益。

三、把握新媒体特征，构建高质量营销方案

（一）强化新媒体营销的互动性

随着越来越多的网民使用新兴媒体进行交流与互动，旅游景区必须颠覆传统媒体的营销方式，利用微博、微信营销等新媒体营销渠道与旅游者进行直接沟通，进一步贴近旅游者，把握其旅游需求，构建全新的新媒体营销方式。

一是发起热门话题，加强粉丝互动。旅游景区可以通过邀请知名人物担任旅游形象大使、开展特色活动等方式，在官方网站、博客、微博等上制造热点话题，吸引粉丝关注；或者是结合当下热播影视剧、制作网红视频等，推荐相关旅游景点，鼓励粉丝在相关景点打卡旅游，调动粉丝的积极性，增加微博转发数量、评论数量，提高景区知名度。

二是结合线上线下，实现互动。官方网站、微信等新媒体营销渠道，可以将旅游信息分享和旅游商业活动结合在一起，设置线上景区互动栏目，例如会员中心，用户可以通过注册成为旅游景区会员，每日进行微信签到领取一定的积分，用来兑换景区门票，从而调动用户关注景区公众号、浏览景区推送信息的积极性。还可以在各种节日推出不同的优惠活动，例如，儿童节期间推出儿童免门票、母亲节期间推出母亲免门票等活动，吸引更多的潜在游客。此外，培育忠诚度高的旅游者，尤其是拥有500个以上好友的旅游者。通过集赞赠礼、门票减免等活动，促使他们将

旅游景区的促销活动扩散出去，获得更广泛的营销范围。

（二）提高旅游景区信息内容质量

新媒体作为新兴的网络交流方式，具有功能全、范围广的优势，新媒体平台发布的信息质量，是其营销取得成功的关键要素。

一是丰富旅游景区营销中的信息内容。根据营销内容满意度分析结果可知，旅游者对旅游景区信息搜索的满意度不高，对于景区相关餐饮信息，景区娱乐项目及相关活动，景区土特产、旅游纪念品等购物信息，景区联络或投诉电话，景区相关住宿信息，景区门票等价格信息等游客重点关注的基础旅游信息，景区营销认识度不够，没有提起重视，营销内容不全面或不丰满。因此，旅游景区在营销过程中，应该对景区住宿信息、景区门票等价格信息进行重点改进，逐步完善景区餐饮信息，景区娱乐项目及相关活动，景区土特产、旅游纪念品等购物信息，景区联络或投诉电话等信息，更好地满足旅游者的旅游信息诉求。

二是优化旅游景区营销中的信息内容。微博、微信等新兴的新媒体营销渠道上，单调乏味的旅游信息难以吸引旅游者的注意力。因而，旅游景区首先应当做到信息内容具有实用性，尽可能贴近游客生活，选取旅游者在旅游过程中常遇到的一些问题，予以解答，或对其关心的内容进行深化。其次，还需要做到信息内容趣味性，做到标题吸引眼球，内容具有趣味性且可读性强，甚至可以编成故事或漫画，提升阅读效果。最后，还需要做到信息内容更新及时，经常更新新媒体营销渠道上所发布的信息内容和话题，增加旅游者的关注度，保持持续的传播热度。

（三）多元化呈现旅游景区信息

新兴媒体正在融合各类技术资源，朝着多元化的方向发展，更多的内容呈现形式带给营销受众更加有趣、更有参与感的阅读体验。

一是进一步改进常规的内容呈现形式。旅游景区应根据不同特点的内容，用图片、文字、视频等多种形式加强宣传。在此基础上，进一步实现多样化，如在以文字为主的文本板块中，穿插文字框、彩图、漫画、宣传画、短视频、摄影照片等，尽量避免单一形式带来的审美疲劳，促使其图文并茂，增加阅读吸引力。

二是引入新的内容呈现形式。随着信息技术的不断发展，全景三维图像技术能够实现对真实场景的实景拍摄捕捉，并具有很强的真实感、立体感、沉浸感。尚未使用这一技术的旅游景区有必要将其更好地引入旅游景区的自建官方新媒体营销渠道上，提升旅游者对旅游景区的虚拟体验质量。此外，新兴的“抖音”等微视频，也成为当前新媒体营销的呈现方式，并催生出一些网红景区。对此，旅游景区应当高度关注，可以通过邀请名人发布抖音、抖音大赛等方式，将其引入自己的新媒体营销中，创出更多的信息内容呈现方式。

四、鼓励旅游者分享，促进网络口碑营销

（一）创建旅游者愿意分享的外部环境

商家奖励活动、好友的影响、旅游景区产品质量和特色等外在因素都会影响旅游者的分享意愿，因此旅游景区想要旅游者主动分享旅游景区口碑，可以通过一些外在的手段来实现。

一是提高旅游景区服务质量。旅游景区服务质量是开展一切营销活动的基础，也是促使旅游者进行网络口碑传播的重要因素。因此，首先应建设高质量的旅游景区硬件设施。例如，道路交通基础设施不仅能够支撑旅游旺季的车流量，而且还方便、快捷、安全。其次应提高旅游景区软件方面的质量。例如，旅游景区工作人员具有热情好客、微笑相迎的服务态度，旅游景区既规范标准又有个性化或特色的服务，能使旅游者获得满意的旅游体验，并愿意分享旅游经历，推荐旅游景区。

二是做好旅游景区的各项细节。细节常常决定旅游景区营销的成败。无论是旅游景观的细节，如弯弯曲曲的碎石板铺成的林荫小道，或精致的仿古路灯，还是旅游景区服务的细节，如免费手绘地图、爱心登山拐杖、优秀且风趣的讲解等，往往都很容易打动旅游者的心。旅游者感动之下，常常会在自己的微信朋友圈、QQ 日志等上进行分享，给出好评，进而大大促进旅游景区产品或服务的销售。

三是打造创意特色旅游景点或场景。创意常常能够给旅游者带来意外惊喜，从而促使其积极地分享自己的经历和感受。旅游景区可以通过创意的场景化设计来刺激旅游者主动分享，例如一些旅游景区在玻璃桥上融入 5D 光电特效技术，创建出玻璃破碎的场景，大大增加了旅游者的刺激感，

致使其纷纷拍摄照片或视频在微信朋友圈进行分享。为了更好地让旅游者宣传美景，有些旅游景区还在现场设置拍摄特效或美景的指示牌以及效果图，促使旅游者纷纷效仿，并积极主动地分享。此外，旅游景区还可以提供一些旅游者乐于使用的道具，来激发旅游者的拍照热情。例如，餐厅提供的玩偶、景区提供的服装、优美的诗歌文字标语等。

此外，旅游景区还可以通过折扣、红包、活动奖品等奖励来刺激旅游者分享。

（二）关注旅游者的自愿分享行为

通常情况下，旅游者也会在自己寻求认可、尊重等心理诉求下，主动在微信朋友圈、QQ 日志等新媒体渠道上，分享自己的旅游经历。因此，旅游景区也应予以高度重视。

一是为旅游者提供实现“利他”的机会。微信朋友圈等属于熟人社交圈，具有较强的联结性。多数旅游者会将自己的旅游经历分享到微信朋友圈，推荐自己认为较为满意的旅游景区产品，以便朋友出行能够得到帮助。旅游景区可以利用这种利他分享的心理，为旅游者提供方便转发、保存的有用信息，如景区景点的线路图、美食地图、特色住宿、出游成本预算、秀美风景或特色文化活动图片等。这样一方面可以为旅游者提供帮助，另一方面也方便旅游者通过微信朋友圈等途径，向潜在旅游者传播自身的旅游产品。此外，还可以开展好友评价有用等活动，来进一步促进旅游者进行利他分享，实现网络口碑营销。

二是激发旅游者的利己分享行为。一般情况下，旅游者在朋友圈中进行分享时会有获得别人的认可、尊重等心理诉求。旅游景区可以根据不同旅游者的偏好，设计开发高品位、个性化的旅游景区产品或服务，更好地满足旅游者在新媒体上彰显自身的品位和社会地位，获得亲朋好友乃至社会认可、尊重的心理诉求。此外，还应鼓励旅游景区服务人员帮助旅游者拍摄照片、视频等，以满足其展现自我和留下回忆的心理诉求。

三是要建立旅游反馈平台。部分旅游者在遇到不好的旅游服务或旅游产品时，也会在新媒体渠道上分享自己不愉快的旅游经历，发泄自己的不满。旅游景区应设立旅游者线上反馈平台，一方面可以为旅游者抒发自己的不满情绪提供条件，减少负面口碑的传播，另一方面还可以让旅游景区了解旅游者的需求，并及时采取补救措施，最大限度地减少旅游者在朋友圈中的负面评价。

五、整合相关资源，进行全方位整合营销

（一）促成同区域内旅游景区的整合营销

从网络游记中不难看出，旅游者到达旅游目的地后，经常会同时游览多个旅游景区。因此，旅游景区应重视与其他旅游景区的联合营销。

一是多个共现旅游景区整合营销。旅游景区首先应根据网络游记的分析结果或调查研究的结果，确定旅游者最愿意一起游览的其他旅游景区；然后，与这些旅游景区建立战略联盟关系，让各个景区之间不再是相互独立的个体，而是形成一个旅游景区联盟，旅游景区之间能够互相利用新媒体渠道整合营销，实现旅游资源互补、游客市场互换、营销成果共享，最终达到旅游景区之间双赢的经营效果。

二是热门与冷门旅游景区整合营销。旅游景区有热门景区和冷门景区之分。为了更好地实现旅游目的地或者某一旅游区域的整体营销效果，有关政府部门或者行业协会应鼓励受关注度高的、受欢迎的热门景区和关注度低的、不为人知的冷门景区进行联合营销，这样既可以帮助热门旅游景区减轻在旅游旺季的客流压力，也可以提高冷门景区的曝光度，实现该旅游目的地或区域景区的全面发展。

此外，把资源相类似或者互补的旅游景区相互组合，形成五彩缤呈的旅游线路，或深度化主题的旅游线路，进行整合营销，也能获取较好的经营效果。

（二）构建旅游景区各种媒体的整合营销

不同媒体平台有不同的特点，旅游景区不能对各类媒体营销平台进行盲目利用，需要根据其自身的特点，整合它们，才能发挥其最大的营销价值。

一是开展自建新媒体渠道的整合营销。根据研究发现，目前旅游景区在新媒体营销平台的运用上没有侧重，需要对相关平台进行整合利用。一般来说，官方网站的营销信息最为丰富、完整，也因其权威性获得了旅游

者的关注。因此，旅游景区首先要利用好官方网站的特点，合理地布局景区的相关信息，以达到易查询、准确性高的效果，发挥好其在旅游景区新媒体营销中的权威和基石作用。其次，微信公众号由于操作便捷、互动性强等特点，越来越被旅游者认可。与此同时，因为其建设和营销成本低，也受到了旅游景区的喜爱。因此，旅游景区应当将微信公众号作为主要新媒体营销渠道进行建设。最后，还应将微博、博客等新媒体渠道作为旅游景区营销的辅助途径。

二是自建新媒体渠道与网络口碑相结合进行整合营销。自建新媒体渠道是旅游景区长期、稳定、直接的营销渠道，网络口碑营销是自媒体时代新兴的不容小觑的营销渠道，两者都能够实现旅游景区的成功营销，因此，旅游景区应对二者都给予高度重视，促使自建新媒体渠道与网络口碑相辅相成，达到整合营销效果。

三是深挖新媒体与传统媒体的整合方式。虽然新媒体凭借自身的诸多特征，已经在营销效果上表现出更多优势，但是人们的社会生活尚处于转型时期，传统媒体在旅游景区营销中仍然能够发挥一定的作用。因此，旅游景区应当继续探寻新旧媒体整合营销的有效方式，以便覆盖更多目标群体，获得更好的营销效果。

本章小结

本章立足于前面各部分研究的结果，结合实地调研的情况，分别从新媒体营销渠道、景区形象塑造、新媒体营销方案、网络口碑营销和整合营销五个方面，提出旅游景区新媒体营销的策略。具体策略为：①依托智慧景区建设，健全新媒体营销渠道。首先，旅游景区需要依托智慧景区建设来发展新媒体营销；其次，旅游景区必须构建自己的官方新媒体营销渠道；再次，旅游景区在开展新媒体营销时，可以加强与第三方新媒体平台的合作；最后，可以借助微信、QQ 等即时通信的分享渠道。②以旅游者需求为导向，塑造鲜明的旅游景区形象。一方面，旅游景区需要重视旅游者的需求偏好，为其提供数量更多、质量更高的旅游景区信息；另一方面，景区需持续传播旅游景区的特色或个性，凸显景区鲜明形象。③把握新媒体特征，构建高质量营销方案。首先，旅游景区需要强化新媒体营销的互动性；其次，需要提高旅游景区信息的内容质量；最后，借助各类技术多元化地呈现旅游景区信息。④鼓励旅游者分享，促进网络口碑营销。旅游景区在进行网络口碑营销时，不仅要创建旅游者愿意分享的外部环境，还要关注旅游者的自愿分享行为。⑤整合相关资源，进行全方位整合营销。一方面，努力促成同区域内旅游景区的整合营销；另一方面，根据各类媒体营销平台的特点，构建旅游景区各种媒体的整合营销。

第九章 结论与展望

一、研究结论

本书围绕“旅游景区新媒体营销策略”这一核心问题，从旅游景区和旅游者两个方面出发，对旅游景区的新媒体营销进行了系统的研究。最终得出如下结论：

第一，从理论上归纳了新媒体与新媒体营销的内涵和特点，提出旅游景区的新媒体营销过程可以划分为两类：一是旅游景区通过自建渠道直接参与的新媒体营销过程；二是旅游景区间接参与的新媒体营销过程，也称为网络口碑营销过程。这两种营销模式在景区参与度、营销主体、营销受众、营销渠道、营销形式、营销内容类型和营销内容质量等方面各有不同。旅游景区新媒体营销的主要渠道有官方网站、官方博客、微博、微信、网络社区等。其中，官方网站已经成为知名旅游景区最为重要的营销途径；由于微博、微信等其他社交工具的建设成本低廉，大多数旅游景区都开始建立自己的官方微博和微信公众号，进行网络营销；网络社区、微信朋友圈等为旅游景区的网络口碑营销提供了途径。

第二，选取漓江景区、德天大瀑布景区、黄姚古镇、百色起义纪念馆、北海银滩景区、桂林乐满地6家具有代表性的旅游景区，对其新媒体营销情况进行比较研究发现：在新媒体平台的运用方面，各景区新媒体营销渠道主要包括官方网站、微信公众号、微博和官方博客，其中，微信公众号的应用范围最为广泛，官方博客的应用则较少。在营销内容方面，官方网站和微信公众号所涵盖的营销内容最为丰富，但由于微信公众号信息传播的特点，其所包含的营销信息要略少于官方网站，此外，微博和博客则以景区介绍、价格信息、投诉电话等为主要内容。在营销展现形式方面，景区新媒体营销展现形式以传统的文字、图片为主，对于弹窗和特别推荐等新功能的使用较少，总体缺乏新颖的展现形式。

第三，构建出了旅游景区自建新媒体渠道的营销效果评价指标体系，并通过专家问卷获取数据，对漓江风景区、北海银滩和黄姚古镇 3 个旅游景区的官方网站和微信公众号营销效果进行了评价。从总体上来看，旅游景区官方网站和微信公众号营销效果相差不大，评价分值接近 3.5，属于“较好”等级。在对比各维度之间的得分时发现，旅游景区营销内容的质量效果最好，其次是营销站点的技术和营销服务的互动性，而营销服务的展现形式效果最差。从各评价维度上来看，旅游景区官方网站和微信公众号的营销效果差别在于营销服务的互动性方面，微信公众号的互动性低于官方网站，显然，旅游景区并未能够利用好微信公众号互动性强的特点。

第四，网络口碑也是旅游景区新媒体营销的途径之一。利用爬虫软件，抓取桂林市旅游景区的网络游记文本，对其进行分析，发现：资源禀赋越高、区位条件越好的景区，其网络口碑传播度越高。从传播热度来看，在游客网络游记中，景区的口碑传播次数与景区的级别呈正相关，级别越高的景区，口碑传播次数就越高。从传播内容来看，旅游者的网络口碑传播主要是表现在漓江（阳朔段）、芦笛景区、银子岩等热门旅游景区上，秀丽的水域风光和独特的喀斯特地貌景观是网络口碑传播的热点；对于猫儿山、刘三姐大观园、穿山等“非热非冷”的景区，因交通便利或是旅游资源特色，也受到小众游客的网络口碑传播；但旅游者对于红岩、三庙一馆等冷门景区的游览意愿较低。从景区共现分布来看，漓江、象山、独秀峰王城、银子岩、芦笛景区、两江四湖、龙脊梯田这 7 处旅游景区共同作用形成旅游景区共现的核心域，与其他景区形成较强的互动效应，同时 A 级旅游景区在游客网络游记中的共现景区数走势存在一定的波动，说明旅游景区的共现效应表现出较弱的均衡性。

第五，旅游者在微信朋友圈中的分享行为表现出一定特征。一是随着微信的应用越来越广泛，人们对微信朋友圈的依赖也越来越大，从被调查者每天发朋友圈的数量可知，大部分人平均每天至少要发一条朋友圈，这种依赖性将有助于旅游者在旅游的过程中进行实时旅游分享。二是旅游者在微信朋友圈进行旅游分享时，最喜欢的搭配是“诗歌般的文字描述+图片/照片+旅游目的地地理位置”。旅游越来越成为人们的一种生活方式，人们通过旅游来追求诗和远方，因而在朋友圈通过诗歌般的文字描述和目的地的地理位置来展示旅游经历更具有吸引力。三是人们更愿意在微信朋友圈中分享旅游过程中好的一面。在旅游的过程中，旅游者对于分享的内容不一定有特定的偏好，但他们会重视自己所分享内容的质量。微信朋友圈是人们展现自己生活的舞台，人们更乐意把自己生活中好的一面展现出来，旅游者在朋友圈中营造“舞台效应”成为常态，因此大多数旅游者在朋友圈中的分享都会带着一种乐观积极的情绪。四是不同人口统计学特征的旅游者存在不一样的分享行为特征。例如：男性旅游者在朋友圈中分享时更乐意使用诗歌般的文字描述来评价自己的旅游，可以看出部分男性旅游者在朋友圈中比女性更感性，但同时男性旅游者会在朋友圈中展现旅游不好的经历；文化程度较低的旅游者更喜欢用诗歌般的文字描述进行分享，具有高中/职高/中专水平的旅游者更容易因为不满而在朋友圈中分享自己的旅游体会。

第六，通过对基于微信朋友圈的旅游者分享行为及其影响因素进行实证研究，发现分享意愿对分享行为具有正向影响，利己因素、利他因素、外在因素、获得型面子意识等对分享意愿具有正向影响，利己因素、利他因素、平台因素对分享行为具有直接的正向影响，而保护型面子意识对分享意愿和分享行为都没有显著影响，分享意愿分别在利己因素和分享行为之间、利他因素和分享行为之间起到部分中介作用，获得型面子意识在利己因素对分享意愿的影响和外在因素对分享意愿的影响之间具有调节作用，保护型面子意识在影响因素和分享意愿之间不存在调节作用。

第七，旅游者进行旅游景区信息搜索时，存在提前查询、查询用时较短、以手机为主要查询设备、网络搜索引擎和微信公众号为信息来源等行为特点。旅游者对旅游景区信息搜索内容的满意度较低，特别是对“吃”“住”“娱”“购”等方面信息的满意度低。住宿信息、景区门票等价格信息是需要重点改进的信息，餐饮信息、景区娱乐项目及相关活动、购物信息、景区联络或投诉电话等信息需要逐步完善。

第八，旅游景区新媒体营销需要依托智慧景区，完善自有新媒体营销渠道，加强与第三方新媒体平台合作和借助即时通信的分享渠道；重视旅游者的需求偏好和塑造旅游景区的鲜明形象；强化新媒体营销的互动性，提高旅游景区信息内容质量和多元化呈现旅游景区信息；创建旅游者愿意分享的外部环境，关注旅游者的自愿分享行为，促进网络口碑营销；促成同区域内旅游景区的整合营销，构建旅游景区各种媒体的整合营销。

二、研究创新点、不足与展望

（一）创新之处

研究视角创新。本书不仅从常见的旅游景区自建渠道探讨了新媒体营销，还对旅游者游记、即时通信 App 等渠道的旅游景区网络口碑营销进行了探讨，较全面地勾画出旅游景区新媒体营销的整体概貌，为旅游景区新媒体营销实践提供了多方位视角以及系统性的指导和借鉴。此外，从“即时通信App”视角探讨了网络口碑营销中的关键环节——旅游者的旅游信息分享行为。

理论创新。本书主要的理论创新有：一是通过对比研究、问卷调查等方法，初步勾勒出旅游景区新媒体营销的现状，提出旅游景区新媒体营销的效果评价指标体系，并进行了实证研究；二是抓取和分析桂林市旅游景区游记文本，描绘出旅游景区网络口碑传播热度和共现情况；三是基于即时通信 App，探讨了旅游者的旅游信息分享行为及其影响因素；四是提出一些可操作性强、切合实际的旅游景区新媒体营销策略。这些成果较好地弥补了现有旅游景区新媒体营销研究中的“破碎”“匮乏”等问题，形成了旅游景区新媒体营销的系统性理论。

（二）研究不足与展望

本书由于研究时间、经费和能力的局限，存在以下不足：①由于新媒体营销是新兴的研究领域，并且才刚刚起步，本书收集到的文献资料和数据较少，对于旅游景区对网络口碑营销的影响途径和方法尚未进行深入探讨。②由于许多网站对网络游记有反爬设置，本书只采集到携程网的网络游记，限制了网络文本的多样性。

互联网的不断发展，新媒体的不断更新，对旅游景区来说既是机遇又是挑战，在未来的研究中还可以从以下方面开展：①本书中对官方网站、官方微博、官方博客、微信公众号、网络口碑等新媒体营销进行研究，但随着互联网技术的不断发展，抖音、腾讯微视等新媒体技术已经出现，有待在以后研究中展开。②对旅游者网络分享行为进行实证研究，掌握旅游者分享心理，从提高旅游者旅游分享的角度，为旅游景区新媒体营销提出更深入的建议。

附　录

附录一
旅游景区新媒体营销效果评价指标重要性的调查问卷
（用于评价指标权重计算）

尊敬的女士/先生：

您好！由于研究需要，现需要对旅游景区新媒体营销效果评价指标体系中的指标权重进行计算，希望您在百忙之中能够填下问卷，从您的专业角度和生活经验出发对各个指标的重要性进行评价。谢谢您对本研究的支持！（请在相应的数字上打“√”）

——《旅游景区的新媒体营销策略研究》课题组

测量指标	重要程度 非常不重要⟷非常重要				
1. 营销内容的丰富性	1	2	3	4	5
2. 营销内容的有用性	1	2	3	4	5
3. 营销内容的易理解性	1	2	3	4	5
4. 营销内容的独特性	1	2	3	4	5
5. 展现形式的吸引力	1	2	3	4	5
6. 展现形式的创新性	1	2	3	4	5
7. 展现形式的布局合理性	1	2	3	4	5
8. 常见问题解答的准确性	1	2	3	4	5
9. 游客意见或问题反馈的及时性	1	2	3	4	5
10. 预订服务的便捷性	1	2	3	4	5
11. 针对游客要求进行个性化推荐	1	2	3	4	5
12. 网站、公众号的易获得性	1	2	3	4	5
13. 站点运行及站内搜索情况	1	2	3	4	5
14. 线上交易的安全性	1	2	3	4	5

问卷到此结束，再次感谢您的支持！

附录二
旅游景区新媒体营销效果评价的调查问卷
(用于微信公众号营销效果评价)

尊敬的女士/先生：

您好！这是一份关于旅游景区新媒体营销效果的专家调查问卷，是不记名问卷，所得到的数据仅作为学术研究之用，请放心填写！您的回答将有助于我们向政府和景区有关部门提供景区新媒体营销的策略。衷心希望得到您的支持和配合，非常感谢！

请您在填写问卷之前，先分别关注“漓江风景区”“贺州黄姚古镇景区”和“北海银滩”3个微信公众号，并对3个景区公众号进行使用浏览后，再根据您使用的情况，真实地填写问卷。(请在相应的数字上打“√”)

——《旅游景区新媒体营销策略研究》课题组

题　项	认同程度 非常不同意⟵⟶非常同意				
1. 我认为这些景区公众号的营销内容丰富多彩	1	2	3	4	5
2. 我认为这些营销内容对游客的出游有很大的作用	1	2	3	4	5
3. 我认为这些营销内容条理清晰，通俗易懂	1	2	3	4	5
4. 我认为这些景区公众号的营销内容能够体现景区的特色	1	2	3	4	5
5. 我认为这些景区公众号中的文字、图片、视频和动画等展现形式生动、立体，容易引起游客的兴趣	1	2	3	4	5
6. 我认为这些景区公众号的展示形式新颖，与众不同	1	2	3	4	5
7. 我认为这些景区公众号信息布局合理，展现形式运用得当，不滥用展现形式	1	2	3	4	5
8. 我认为这些景区公众号能够准确解决游客的疑难问题	1	2	3	4	5
9. 我认为这些景区公众号能够及时接收游客反馈并快速处理相关请求	1	2	3	4	5

续表

题 项	认同程度 非常不同意←→非常同意				
10. 我认为这些景区公众号的在线预订服务（预订门票、酒店等）非常便捷	1	2	3	4	5
11. 我认为这些景区公众号能够根据游客的喜好来推荐相关产品	1	2	3	4	5
12. 我认为通过搜索引擎的搜索，游客可以很快得到景区微信公众号	1	2	3	4	5
13. 我认为这些景区公众号运行正常流畅，游客可以很轻松地搜索到需要的信息	1	2	3	4	5
14. 我认为景区公众号提供的支付系统是安全的	1	2	3	4	5

问卷到此结束，再次感谢您的支持！

附录三

旅游景区新媒体营销效果评价调查问卷

（用于官方网站营销效果评价）

尊敬的女士/先生：

您好！这是一份关于旅游景区新媒体营销效果的专家调查问卷，是不记名问卷，所得到的数据仅作为学术研究之用，请放心填写！您的回答将有助于我们向政府和景区有关部门提供景区新媒体营销的策略。衷心希望得到您的支持和配合，非常感谢！

请您在填写问卷之前，先分别点击下方 3 个链接，对 3 个景区网站进行使用浏览后，再根据您使用的情况，真实地填写问卷。（请在相应的数字上打“√”）

http：//www. liriver. com. cn；http：//www. huangyao. cn；http：//www. bhyintan. com

——《旅游景区新媒体营销策略研究》课题组

题项	认同程度 非常不同意⟷非常同意				
1. 我认为这些景区网站的营销内容丰富多彩	1	2	3	4	5
2. 我认为这些营销内容对游客的出游有很大的作用	1	2	3	4	5
3. 我认为这些营销内容条理清晰，通俗易懂	1	2	3	4	5
4. 我认为这些景区网站的营销内容能够体现景区的特色	1	2	3	4	5
5. 我认为文字、图片、视频和动画等展现形式生动、立体，容易引起游客的兴趣	1	2	3	4	5
6. 我认为这些景区网站的展示形式新颖，与众不同	1	2	3	4	5
7. 我认为这些景区网站的信息布局合理，展现形式运用得当，不滥用展现形式	1	2	3	4	5
8. 我认为这些景区网站能够准确解决游客的疑难问题	1	2	3	4	5
9. 我认为这些景区网站能够及时接收游客反馈并快速处理相关请求	1	2	3	4	5

续表

题 项	认同程度 非常不同意⟷非常同意				
10. 我认为这些景区网站的在线预订服务（预订门票、酒店等）非常便捷	1	2	3	4	5
11. 我认为这些景区网站能够根据游客的喜好来推荐相关产品	1	2	3	4	5
12. 我认为通过搜索引擎的搜索，游客可以很快得到这些景区的官方网站	1	2	3	4	5
13. 我认为这些网站运行正常流畅，游客可以很轻松地搜索到需要的信息	1	2	3	4	5
14. 我认为这些景区网站提供的支付系统是安全的	1	2	3	4	5

问卷到此结束，再次感谢您的支持！

附录四
基于微信朋友圈的旅游者分享行为及影响因素研究调查问卷

尊敬的女士/先生：

您好！为探究旅游者在微信朋友圈中的分享行为和影响因素，特邀请您来参与此次调查。本次问卷调查采用匿名的方式，所得到的数据仅作为学术研究之用，请放心填写。您所提供的数据对本项研究十分重要，衷心希望得到您的支持和配合，非常感谢！（备注：题项中的“微信朋友圈”简称“朋友圈”）

——《旅游景区新媒体营销策略研究》课题组

第一部分　调查旅游者分享行为的影响因素

1~5分代表描述的符合情况，分别为非常不同意、不同意、一般、同意、非常同意，请结合您在微信朋友圈分享自己旅游经历的实际感受，在相应的数字上打“√”。

题项	同意程度 非常不同意⟷非常同意				
1. 通过朋友圈分享旅游经历使我获得成就感	1	2	3	4	5
2. 通过朋友圈分享旅游经历使我感到快乐	1	2	3	4	5
3. 通过朋友圈分享旅游经历使我加强与他人的联系（评论交流、点赞等）	1	2	3	4	5
4. 通过朋友圈分享旅游经历使我获得更多的认可和尊重	1	2	3	4	5
5. 在朋友圈分享旅游经历可以让朋友避免选择差的旅游产品	1	2	3	4	5
6. 在朋友圈分享旅游经历可以帮助朋友加强对我的了解	1	2	3	4	5
7. 在朋友圈分享旅游经历可以丰富朋友获取旅游信息的途径	1	2	3	4	5

续表

题项	同意程度 非常不同意←→非常同意				
8. 在朋友圈分享旅游经历可以降低朋友出游所产生的成本	1	2	3	4	5
9. 朋友圈的实时互动促使我分享旅游经历	1	2	3	4	5
10. 朋友圈操作简便的界面和多样的展现形式能满足我分享旅游经历的需求	1	2	3	4	5
11. 刷朋友圈已经成为我每天必做的事情	1	2	3	4	5
12. 微信是我和亲朋好友沟通的重要媒介	1	2	3	4	5
13. 我会在朋友圈分享令我满意的旅游地信息	1	2	3	4	5
14. 旅游地经营者的奖励（如红包、折扣）可以刺激我在朋友圈分享旅游地信息	1	2	3	4	5
15. 独特的旅游产品促使我发朋友圈	1	2	3	4	5
16. 我会在朋友圈分享不好的旅游经历	1	2	3	4	5
17. 同行朋友的请求会使我在朋友圈分享旅游经历	1	2	3	4	5
18. 我更在乎分享旅游经历，不在乎朋友的看法	1	2	3	4	5
19. 我不喜欢频繁发朋友圈，怕引起朋友的反感	1	2	3	4	5
20. 我害怕旅游信息质量不好，被朋友吐槽	1	2	3	4	5
21. 在与朋友沟通时，我说话委婉，很少表现自我	1	2	3	4	5
22. 我希望提升自己在朋友心目中的地位	1	2	3	4	5
23. 我喜欢将自己好的一面展现出来	1	2	3	4	5
24. 我会利用旅游的机会在朋友圈自我表现一下	1	2	3	4	5
25. 我愿意在微信朋友圈分享我的旅游经历	1	2	3	4	5
26. 我愿意推荐和鼓励朋友在微信朋友圈分享旅游经历	1	2	3	4	5
27. 我会继续在微信朋友圈分享自己的旅游经历	1	2	3	4	5
28. 我一旦出游就会在朋友圈分享我的旅游经历	1	2	3	4	5
29. 我经常邀请同行出游的好友一起发朋友圈	1	2	3	4	5
30. 我经常在微信朋友圈积极回答有关旅游的问题	1	2	3	4	5

第二部分　调查旅游者微信朋友圈分享行为（请根据您的实际情况，在相应的答案上打“√”）

1. 您平均每天发多少条朋友圈？

□0 条　□1～2 条　□3～5 条　□6 条及以上

2. 您外出旅游时更喜欢在什么阶段发朋友圈？

□出游前　□出游过程中（随拍随发）

□出游回来后（整理再发）

3. 您在朋友圈分享旅游经历时，更喜欢采用何种形式进行分享？（可多选）

□视频/音频　□诗歌般的文字描述

□旅游目的地位置坐标　□照片/图片

□故事性的文字叙述　□其他

4. 您在朋友圈通常喜欢分享哪些旅游信息？（可多选）

□美食　□住宿设施

□交通设施　□景色/景区景点

□特色商品/纪念品　□娱乐项目/特色活动

□其他

5. 您在朋友圈分享旅游信息所带的情绪大多数属于？

□积极情绪（怀着高兴、愉悦的心情分享信息）

□中性情绪（并没有特别的感觉，只是单纯的记录）

□消极情绪（怀着生气、难过的心情分享信息）

第三部分　调查受访者的基本信息（请根据您的实际情况，在相应的答案上打“√”）

1. 您的性别：

□男　□女

2. 您的年龄：

□14 岁及以下　□15～24 岁　□25～44 岁　□45～60 岁

□61 岁及以上

3. 您当前的职业为：

□公务员　□军人　□农民　□企业职员

□事业单位或非营利性机构人员

□个体户　　□微商　　□学生　　□其他

4. 您的文化程度：

□初中及以下　　□高中/职高/中专　□本科/大专　　□硕士及以上

5. 平均月收入：

□2000 元以内　　□2001～5000 元

□5001～10000 元　　□10001～20000 元

□20000 元以上

附录五
旅游者网络搜索旅游景区信息偏好与满意度调查问卷

尊敬的女士/先生：

您好！为了更好地进行旅游景区营销研究，我们正开展旅游者网络搜索行为与满意度的调查，希望能够得到您的理解与支持。本次问卷采用匿名方式，所得到的数据仅作为学术研究之用，请放心填写。您所提供的数据对本项研究十分重要，衷心希望得到您的支持和配合，非常感谢！

——《旅游景区新媒体营销策略研究》课题组

第一部分　个人信息（请根据您的实际情况，在相应的答案上打“√”）

1. 您的性别：

□男　□女

2. 您的年龄：

□15 岁及以下　□16~25 岁　□26~45 岁　□46~65 岁

□66 岁及以上

3. 您当前的职业为：

□公务员　□企业职员　□军人　□农民

□个体户　□事业单位或非营利性机构人员

□学生　□其他

4. 您的文化程度：

□初中及以下　□高中/职高/中专

□本科/大专　□硕士及以上

5. 您的平均月收入：

□2000 元以内　□2001~5000 元

□5001~10000 元　□10001~20000 元

□20000 元以上

第二部分 旅游景区信息搜索偏好（请根据您的实际情况，在相应的答案上打“√”）

1. 您平时是否通过网络渠道来获取旅游景区信息：

□是　　□否（如选择此项，请结束作答）

2. 您了解旅游景区信息的主要网络来源是（多选）：

□网络搜索引擎（百度、谷歌等）

□马蜂窝、途牛、携程等的游记

□旅游景区官方网站

□微博、博客

□微信（公众号、朋友圈信息等）

□新浪、网易、搜狐等的旅游频道

□其他

3. 您选择的网络设备是：

□手机　　□平板电脑　　□台式电脑/手提电脑

□车载电脑

4. 您每次在上网搜索景区信息的时间是出游：

□3 天前　　□1 周前　　□半月前　　□1 个月前

□2 个月前　　□3 个月以前

5. 您每次上网搜寻景区信息的时间：

□30 分钟以内　　□31~60 分钟　　□1~2 小时　　□3~4 小时

□超过 5 小时

6. 您喜欢的景区网上信息呈现方式是（可多选）：

□文字　　□图片　　□视频/音频　　□动画

□弹窗　　□特别推荐　　□其他

第三部分 您对旅游景区网络信息搜寻内容的评价（请在相应的数字上打“√”）

测量指标	满意程度 非常不满意←→非常满意					关注程度 非常不关注←→非常关注				
1. 景区介绍	1	2	3	4	5	1	2	3	4	5
2. 景区地图、交通信息	1	2	3	4	5	1	2	3	4	5
3. 景区相关住宿信息	1	2	3	4	5	1	2	3	4	5

续表

测量指标	满意程度 非常不满意⟷非常满意					关注程度 非常不关注⟷非常关注				
4. 景区相关餐饮信息	1	2	3	4	5	1	2	3	4	5
5. 景区娱乐项目及相关活动	1	2	3	4	5	1	2	3	4	5
6. 景区门票等价格信息	1	2	3	4	5	1	2	3	4	5
7. 景区土特产、旅游纪念品等购物信息	1	2	3	4	5	1	2	3	4	5
8. 景区当地天气状况	1	2	3	4	5	1	2	3	4	5
9. 景区当地文化	1	2	3	4	5	1	2	3	4	5
10. 景区联络或投诉电话	1	2	3	4	5	1	2	3	4	5
11. 景区的网友评价等口碑信息	1	2	3	4	5	1	2	3	4	5

问卷到此结束，再次感谢您的支持！

附录六
广西国家 A 级旅游景区一览表

截至 2017 年 12 月 31 日，广西共有 A 级旅游景区 422 家，其中 5A 级旅游景区 5 家、4A 级旅游景区 173 家、3A 级旅游景区 230 家、2A 级旅游景区 14 家。

等级	序号	旅游景区名称	等级	序号	旅游景区名称
5A	1	桂林漓江景区	4A	17	上林县金莲湖景区
	2	桂林乐满地休闲世界		18	南宁市人民公园
	3	桂林独秀峰王城景区		19	南宁花花大世界景区
	4	桂林两江四湖·象山景区		20	南宁昆仑关旅游风景区
	5	南宁青秀山风景旅游区		21	南宁上林县大龙湖景区
4A	1	南宁嘉和城景区		22	九龙瀑布景区
	2	南宁九曲湾温泉景区		23	水锦·顺庄
	3	八桂田园		24	龙门水都景区
	4	南宁市动物园		25	柳州龙潭景区
	5	药用植物园		26	柳侯公园
	6	南宁大明山风景旅游区		27	柳州立鱼峰风景区
	7	科技馆		28	三江程阳侗族八寨景区
	8	民族博物馆		29	柳州博物馆
	9	南宁市乡村大世界景区		30	鹿寨香桥岩风景区
	10	南宁市武鸣县伊岭岩旅游景区		31	柳州市三江县丹州景区
	11	南宁市良凤江森林旅游区		32	柳州文庙景区
	12	规划馆景区		33	柳州城市规划展览馆
	13	南宁市民歌湖景区		34	柳州市马鹿山奇石博览园景区
	14	隆安县龙虎山旅游景区		35	柳州市三江县大侗寨景区
	15	南宁市凤岭儿童公园		36	柳州市工业博物馆景区
	16	南宁马山金伦洞景区		37	柳州市百里柳江旅游景区

续表

等级	序号	旅游景区名称	等级	序号	旅游景区名称
4A	38	柳州园博园景区	4A	67	桂林阳朔县蝴蝶泉旅游景区
	39	柳州市融安石门仙湖旅游景区		68	桂林西山景区
	40	柳州柳城县知青城景区		69	桂林市逍遥湖景区
	41	柳州市都乐岩景区		70	桂林罗山湖玛雅水上乐园景区
	42	柳州市融水元宝山龙女沟景区		71	桂林市猫儿山景区
	43	柳江县凤凰河生态旅游度假区		72	阳朔西街
	44	柳州市动物园		73	梧州骑楼城—龙母庙景区
	45	柳州融水・民族体育公园		74	藤县石表山休闲旅游景区
	46	柳州市雀儿山公园景区		75	蒙山县永安王城景区
	47	柳州市融水县老君洞景区		76	梧州苍海旅游区
	48	七星景区		77	长坪水韵瑶寨景区
	49	芦笛景区		78	梁羽生公园
	50	桂林世外桃源旅游区		79	梧州市军事体育文化园景区
	51	桂林冠岩景区		80	梧州李济深故里文化旅游区
	52	桂林愚自乐园艺术园		81	梧州天龙顶山地公园景区
	53	桂林银子岩旅游度假区		82	北海银滩旅游区
	54	桂林古东瀑布景区		83	北海海底世界
	55	兴安灵渠景区		84	北海海洋之窗
	56	桂林丰鱼岩旅游度假区		85	北海涠洲岛国家地质公园鳄鱼山景区
	57	桂林龙胜温泉旅游度假区		86	北海市嘉和—冠山海景区
	58	桂林穿山景区		87	北海老城历史文化旅游区
	59	桂林尧山景区		88	北海金海湾红树林生态旅游区
	60	荔浦荔江湾景区		89	北海园博园景区
	61	桂林义江缘景区		90	北海汉闾文化园
	62	阳朔图腾古道・聚龙潭景区		91	涠洲岛圣堂景区
	63	永福金钟山旅游度假区		92	钦州三娘湾旅游区
	64	龙胜龙脊梯田景区		93	钦州刘冯故居景区
	65	桂林市南溪山景区		94	钦州八寨沟旅游景区
	66	桂林经典刘三姐大观园景区		95	钦州市浦北县五皇山景区

续表

等级	序号	旅游景区名称	等级	序号	旅游景区名称
4A	96	钦州园博园景区	4A	124	靖西古龙山峡谷群生态旅游景区
	97	钦州市灵山县六峰山风景名胜区		125	百色大王岭景区
	98	钦州市浦北县越州天湖景区		126	凌云茶山金字塔景区
	99	钦州市林湖森林公园		127	百色市德保县吉星岩景区
	100	钦州市大芦古村文化生态旅游区		128	百色市德保县红叶森林旅游景区
	101	兴业鹿峰山风景区		129	百色市平果黎明通天河旅游景区
	102	陆川谢鲁温泉休闲景区		130	百色市田阳聚之乐休闲农业景区
	103	五彩田园现代特色农业示范区		131	百色田州古城
	104	玉林市大容山国家森林公园		132	百色西林县宫保府景区
	105	玉林云天文化城		133	百色靖西市鹅泉旅游景区
	106	玉林容州古城		134	大新德天跨国瀑布景区
	107	玉林容县都峤山风景区		135	凭祥市友谊关景区
	108	铜石岭国际旅游度假区		136	凭祥红木文博城景区
	109	北流市会仙河公园		137	龙州县龙州起义纪念园景区
	110	六万大山森林公园		138	大新县明仕景区
	111	玉林容州·民国小镇		139	崇左市宁明县花山景区
	112	桂平西山风景名胜区		140	崇左石景林·园博园
	113	贵港市龙潭国家森林公园景区		141	崇左大新德天·老木棉景区
	114	桂平市太平天国金田起义地址景区		142	大新龙宫仙境景区
	115	贺州姑婆山旅游区		143	龙州县小连城景区
	116	昭平黄姚古镇风景名胜区		144	龙州县左江景区
	117	贺州市十八水原生态园景区		145	大新县安平仙河景区
	118	贺州市玉石林景区		146	派阳山森林公园
	119	昭平县南山茶海景区		147	扶绥县龙谷湾景区
	120	昭平县黄姚花海景区		148	左江斜塔景区
	121	靖西通灵大峡谷景区		149	巴马盘阳河景区
	122	百色乐业大石围天坑群景区		150	巴马水晶宫景区
	123	百色起义纪念馆		151	凤山国家地质公园景区

续表

等级	序号	旅游景区名称	等级	序号	旅游景区名称
4A	152	河池市东兰红色旅游区	3A	6	南宁海底世界景区
	153	河池市宜州刘三姐故里旅游区		7	南宁金湖地王云顶观光旅游景区
	154	河池天峨县龙滩大峡谷景区		8	宾阳县白鹤观旅游度假区
	155	宜州市会仙山景区		9	南宁市华南城景区
	156	南丹县歌娅思谷·中国白裤瑶生态民俗风情园景区		10	上林县鼓鸣寨养生旅游度假区
				11	上林县禾田农耕文化园
	157	大化七百弄国家地质公园景区		12	上林县霞客桃园壮乡旅游度假区
	158	丹泉洞天酒文化旅游景区		13	南宁市江南区扬美古镇景区
	159	河池宜州拉浪生态休闲区		14	横县中华茉莉园景区
	160	河池宜州怀远古镇景区		15	青秀区花雨湖生态休闲旅游区
	161	上思十万大山国家森林公园景区		16	上林县云里湖景区
	162	防城港东兴市京岛风景名胜区		17	上林县万古茶园景区
	163	东兴市屏峰雨林景区		18	横县莲塘圣茶谷景区
	164	防城港市江山半岛白浪滩旅游景区		19	兴宁区狮山公园
	165	防城港市西湾旅游区		20	向阳红农业庄园
	166	上思县十万大山百鸟乐园景区		21	那贵樱花园
	167	金秀莲花山旅游景区		22	海王科普馆
	168	来宾市象州古象旅游区		23	柳州花果山生态景区
	169	来宾市金秀圣堂湖景区		24	三江石门冲景区
	170	金秀县圣堂山景区		25	柳州市君武森林公园景区
	171	金秀县山水瑶城景区		26	鹿寨月岛湖景区
	172	忻城县薰衣草庄园景区		27	融水雨卜苗寨景区
	173	来宾金秀银杉森林公园		28	融水老子山景区
3A	1	南宁金花茶公园		29	融水县田头苗寨景区
	2	横县西津湖景区		30	柳城县红马山景区
	3	宾阳蔡氏书香古宅群景区		31	柳州市万聚休闲农庄
	4	南宁市大王滩风景区		32	三江县冠洞景区
	5	南宁市凤凰谷景区		33	柳州柳城古砦仫佬族乡民俗风情旅游区

续表

等级	序号	旅游景区名称	等级	序号	旅游景区名称
3A	34	柳州三江甜水寨旅游度假景区	3A	62	阳朔鉴山寺景区
	35	融水县龙宝大峡谷景区		63	荔浦天河瀑布景区
	36	融水县石上人家景区		64	阳朔九马画山景区
	37	三江县产口景区		65	灵川龙门瀑布景区
	38	三江县侗族博物馆		66	平乐仙家温泉景区
	39	鹿寨县中渡古镇景区		67	资源县八角寨景区
	40	融安县沙子石岩生态旅游景区		68	恭城县红岩景区
	41	柳江县百朋镇下伦荷花景区		69	恭城县三庙一馆景区
	42	融水田塘瑶寨景区		70	桂林金银寨-蛇王李景区
	43	鹿寨拉沟乡五家景区		71	灵川县江头景区
	44	鹿寨县鹿鸣谷景区		72	桂林兴安县红军长征突破湘江战役纪念公园
	45	藤县黎寨蝴蝶谷景区			
	46	梧州市珠山景区		73	桂林旅苑景区
	47	梧州市中山公园		74	桂林芦笛岩鸡血玉文化艺术中心景区
	48	白云山公园			
	49	夏宜醉美瑶乡		75	桂林全州县湘山寺景区
	50	西炮台公园		76	龙胜县白面瑶寨景区
	51	石燕山		77	龙胜艺江南中国红玉文化园景区
	52	古皮橙柿亲情谷		78	龙胜县龙脊特色旅游小镇景区
	53	东乡积翠景区		79	龙胜县金车生态民族村景区
	54	羽生谷休闲养生基地		80	桂林崇华中医街
	55	天书侠谷		81	全州县炎井温泉
	56	蒙山县丝绸工业旅游景区		82	万福广场·休闲旅游城
	57	六堡茶生态旅游景区		83	荔浦县马岭鼓寨民族风情园
	58	岑溪市博物馆·东山公园		84	荔浦县柘村景区
	59	桂林阳朔文化古迹山水园		85	资源县宝鼎景区
	60	桂林资江景区		86	资江灯谷景区
	61	临桂十二滩漂流景区		87	塘洞景区

续表

等级	序号	旅游景区名称	等级	序号	旅游景区名称
3A	88	荔浦县鹅翎寺景区	3A	117	钦州市登峰陶艺馆
	89	桂林市神龙水世界景区			
	90	田东十里莲塘景区		118	钦州保税港区国际商品直销中心旅游景区
	91	凌云县泗城文庙景区			
	92	田东县右江工农民主政府旧址景区		119	钦州市白石湖景区
	93	凌云县纳灵河谷景区		120	钦州市钦北区碗窑梨花谷景区
	94	百色乐业罗妹莲花洞景区		121	钦州市浦北县公猪脊景区
	95	靖西县龙潭湿地公园景区		122	钦州长融水世界旅游景区
	96	田阳县敢壮山布洛陀遗址景区		123	钦州市欢乐农庄旅游景区
	97	靖西市渠洋湖景区		124	钦州学院滨海校区景区
	98	百色乐业布柳河仙人桥景区		125	钦州市灵山桂味生态园
	99	靖西市岜蒙福峒山生态旅游景区		126	钦州市那雾山森林公园
	100	乐业县红七红八军纪念馆景区		127	中国东盟商贸城
	101	乐业县龙云山故事小镇景区		128	钦州市千年古陶城景区
	102	贺州紫云景区		129	北流勾漏洞景区
	103	贺州市贺州博学园景区		130	陆川龙珠湖风景名胜区
	104	昭平县桂江生态旅游景区		131	玉林市龟山公园景区
	105	昭平县黄姚世外田园景区		132	玉林市容县天堂湖温泉度假山庄景区
	106	贺州八步区西溪森林温泉度假村			
	107	昭平县故乡茶博园景区		133	玉林市狮子山公园景区
	108	贺州市博物馆		134	容县抗日烈士纪念馆
	109	客家围屋		135	北流市扶新佰仁生态旅游风景区
	110	省工委历史博物馆景区		136	容县兰花生态园
	111	走马观画无边际景区		137	黄绍竑故居
	112	钦州龙门群岛海上生态公园		138	南方黑芝麻博物馆
	113	钦州市浦北县文昌景区		139	容县沙田柚王国
	114	钦州市浦北县大朗书院景区		140	都峤山森林公园
	115	钦州坭兴陶艺术馆		141	绿碧山风景区
	116	钦州市火龙果农业文化休闲园		142	北流市城西公园

续表

等级	序号	旅游景区名称	等级	序号	旅游景区名称
3A	143	北流市梧村狮峰生态旅游区	3A	171	平南县龚州公园
	144	北流市陶瓷名城		172	桂平市大藤峡景区
	145	北流市陶瓷小镇		173	桂平市北回归线标志公园
	146	北流市九龙湾生态旅游度假区		174	桂平市中山公园
	147	北流市容心谷生态旅游度假区		175	桂平市革命烈士纪念碑公园
	148	博白县宴石山风景区		176	桂平市滨江文化公园
	149	北流市金斗岭生态旅游度假区		177	桂平市东塔景区
	150	武宣百崖大峡谷景区		178	桂平市罗丛岩景区
	151	忻城莫土司衙署景区		179	九凌湖旅游风景区
	152	忻城县盘鹤岭森林公园		180	南丹温泉公园
	153	金秀县青山瀑布景区		181	河池市天峨县龙滩水电站景区
	154	金秀县古沙沟景区		182	南丹白裤瑶生态博物馆
	155	来宾市桂中水城盘古公园		183	金城江小三峡旅游景区
	156	忻城县神秘湖景区		184	南丹县铜江公园景区
	157	合山市国家矿山公园		185	河池市金城江公园
	158	合山 28 号铁轨 · 十里花廊景区		186	河池市环江县牛角寨瀑布群景区
	159	兴宾区红河红景区		187	河池市巴马长寿岛景区
	160	象州县象郡文化公园		188	河池市巴马仁寿源景区
	161	武宣县下莲塘景区		189	河池宜州市古龙河漂流景区
	162	忻城县蓝莓生态园		190	罗城县成龙湖公园景区
	163	合山市红河公园景区		191	天峨县大山原始森林景区
	164	合山市奇石文化公园		192	巴马县西山红色旅游区
	165	东兴陈公馆景区		193	宜州嘉联丝绸工业园
	166	防城港市北仑河源头景区		194	巴马活泉水文化景区
	167	东兴市意景园旅游景区		195	都安密洛陀文化公园
	168	东兴市百业东兴 · 红木社区旅游购物景区		196	扶绥县逐羊景区
				197	凭祥市金鸡山景区
	169	东兴市北仑河口景区		198	凭祥市大连城景区
	170	贵港市平天山国家森林公园		199	凭祥市兰花谷景区

续表

等级	序号	旅游景区名称	等级	序号	旅游景区名称
3A	200	凭祥市浦寨文化旅游不夜城景区	3A	223	合浦县永安大士阁景区
	201	凭祥市平岗岭地下长城景区		224	合浦县梦唤滨海体育文化园
	202	凭祥市世界珍稀林木生态园景区		225	合浦县东园家酒产业园
	203	江州区雨花石景区		226	合浦县四方岭考古遗址景区
	204	大新县凤凰岭景区		227	涠洲岛石螺口景区
	205	大新县小灵珑景区		228	涠洲岛城仔景区
	206	江州区如意岛景区		229	涠洲岛滴水丹屏景区
	207	扶绥甜蜜之光旅游景区		230	涠洲岛湿地公园景区
	208	扶绥县炎鑫景区	2A	1	防城港火山岛景区
	209	龙州县胡志明展馆景区		2	罗城青明山庄园景区
	210	狮子头森林公园		3	罗城县武阳江景区
	211	崇左市壮族博物馆		4	大化莲花山景区
	212	龙州县业秀园景区		5	河池市都安县石头开花景区
	213	龙州（水陇—甫茶）红军路景区		6	河池市罗城县剑江景区
	214	龙州县独山景区		7	都安县八仙乐园景区
	215	北海大江埠民俗风情村		8	象州县凉泉景区
	216	北海贝雕博物馆		9	来宾市金海公园
	217	北海南珠博物馆		10	桂中第一支部
	218	槐园景区		11	武宣县文庙景区
	219	合浦县东坡亭景区		12	玉林市欢天喜地园艺乐园
	220	合浦县古海角景区		13	钦州市北部湾坭兴玉陶景区
	221	合浦县观音山生态旅游区		14	钦州市灵山县锦泉生态旅游度假村
	222	北海市旅游资源规划开发质量评定委员会公告（2016年第1号）			

参考文献

[1] Anuar F, Ihsanuddin R. The influence of instagram communication attributes on generation Y sharing travel photo behaviour [C]. International Hospitality and Tourism Conference, Ihtc 2016 and, International Seminar on Tourism, Isot, 2016.

[2] Arndt J. The role of product-related conversations in the diffusion of a new product [J]. Journal of Marketing Research, 1967 (4): 78-94.

[3] Benxiang Zeng, Rolf Gerritsen. What do we know about social media in tourism? A review [J]. Tourism Management Perspectives, 2014 (10): 27-36.

[4] Bilgihan A, Kandampully J, Zhang T. Towards a unified customer experience in online shopping environments [J]. International Journal of Quality & Service Sciences, 2016, 8 (1): 102-119.

[5] Brunelle E, Josée Lapierre. Testing media richness theory to explain consumers' intentions of buying online [C]. International Conference on Electronic Commerce, DBLP, 2008.

[6] Childers T L, Carrb C L, Peckc J, et al. Hedonic and utilitarian motivations for online retail shopping behavior [J]. Journal of Retailing, 2001, 77 (4): 511-535.

[7] Choi S, Park H W. An exploratory approach to a Twitter-based community centered on a political goal in South Korea: Who organized it, what they shared, and how they acted [J]. New Media & Society, 2013, 16 (1): 129-148.

[8] Chung N, Lee H. Sharing economy in geotag: What are the travelers' goals sharing their locations by using geotags in social network sites during the tour? [J]. International Journal of Tourism Cities, 2016, 2 (2): 125-136.

[9] Chu R. What online Hong Kong travelers look for on airline/travel websites? [J]. International Journal of Hospitality Management, 2001, 20 (1):

95-100.

[10] Girardin F, Fiore F D, Ratti C, et al. Leveraging explicitly disclosed location information to understand tourist dynamics: A case study [J]. Journal of Location Based Services, 2008, 2 (1): 41-56.

[11] Hennig-Thurau T, Gwinner K P, Walsh G, et al. Electronic word-of-mouth via consumer-opinion platforms: What motivates consumers to articulate themselves on the Internet? [J]. Journal of Interactive Marketing, 2010, 18 (1): 38-52.

[12] Henning-thurau T, Gwinner K P, Walsh G, et al. Economic world-of-mouth via consumer-opinion platforms: What motivates consumers to articulate themselves on the internet? [J]. Journal of Inteactive Marketing, 2004, 18 (1): 38-52.

[13] Hew K F, Hara N. Empirical study of motivators and barriers of teacher online knowledge sharing [J]. Educational Technology Research & Development, 2007, 55 (6): 573-595.

[14] Hsu M H, Ju T L, Yen C H, et al. Knowledge sharing behavior in virtual communities: The relationship between trust, self-efficacy, and outcome expectations [J]. International Journal of Human-Computer Studies, 2007, 65 (2): 153-169.

[15] Huang Q, Davison R M, Gu J. The impact of trust, guanxi orientation and face on the intention of Chinese employees and managers to engage in peer-to-peer tacit and explicit knowledge sharing [J]. Information Systems Journal, 2011, 21 (6): 557-577.

[16] Huang Y, Basu C, Hsu M K. Exploring motivations of travel knowledge sharing on social network sites: An empirical investigation of U. S. college students [J]. Journal of Hospitality Marketing & Management, 2010, 19 (7): 717-734.

[17] Jang S C, Namkung Y. Perceived quality, emotions, and behavioral intentions: Application of an extended Mehrabian-Russell model to restaurants [J]. Journal of Business Research, 2009, 62 (4): 451-460.

[18] Jansen B J, Ciamacca C C, Spink A. An analysis of travel information searching on the web [J]. Information Technology & Tourism, 2008, 10

(2): 101-118.

[19] Jarvenpaa S L, Staples D S. The use of collaborative electronic media for information sharing: An exploratory study of determinants [J]. Journal of Strategic Information Systems, 2000, 9 (2-3): 129-154.

[20] Kang M H, Schuett M A. Determinants of sharing travel experiences in social media [J]. Journal of Travel & Tourism Marketing, 2013, 30 (1-2): 93-107.

[21] Kankanhalli A, Tan B C Y, Wei K K. Contributing knowledge to electronic knowledge repositories: An empirical investigation [J]. MIS Quarterly, 2005, 29 (1): 113-143.

[22] Lee C S, Ma L . News sharing in social media: The effect of gratifications and prior experience [J]. Computers in Human Behavior, 2012, 28 (2): 331-339.

[23] Lin F, Huang H. Why people share knowledge in virtual communities? [J]. Internet Research, 2013, 23 (2): 133-159.

[24] Litvin S W, Goldsmith R E, Pan B. Electronic word-of-mouth in hospitality and tourism management [J]. Tourism Management, 2008 (29): 458-468.

[25] Liu W C, Fang C L. The effect of different motivation factors on knowledge-sharing willingness and behavior [J]. Social Behavior and Persona lity: An International Journal, 2010, 38 (6): 753-758.

[26] Lo I S, Mckercher B, Lo A, et al. Tourism and online photography [J]. Tourism Management, 2011, 32 (4): 725-731.

[27] Mc Intosh R W, Goeldner C R. Tourism: principles, practices, philosophies (sixth edition) [M]. New York: John Wiley and Sons Inc. , 1990: 102-135.

[28] Moe W W. Buying, searching, or browsing: Differentiating between online shoppers using in-store navigational click stream [J]. Journal of Consumer Psychology, 2003, 13 (1): 29-39.

[29] Mohammad Reza Jalilvand, Abolghasem Ebrahimi, Neda Samiei. Electronic word of mouth effects on tourists' attitudes toward islamic destinations and travel intention: An empirical study in Iran [J]. Procedia-Social and Be-

havioral Sciences, 2013, 81: 484-489.

[30] Mohammad Reza Jalilvand, Neda Samiei, Behrooz Dini, Parisa Yaghoubi Manzari. Examining the structural relationships of electronic word of mouth, destination image, touristattitude toward destination and travel intention: An integrated approach [J]. Journal of Destination Marketing & Management, 2012, 1 (1-2): 134-143.

[31] Qiang Yan, Simin Zhou, Sipeng Wu. The influences of tourists' emotions on the selection of electronic word of mouth platforms [J]. Tourism Management, 2018, 66: 348-363.

[32] Qiuju Luo, Dixi Zhong. Using social network analysis to explain communication characteristics of travel-related electronic word-of-mouth on social networking sites [J]. Tourism Management, 2015, 46: 274-283.

[33] Raffaele Filieri, Salma Alguezaui, Fraser McLeay. Why do travelers trust trip advisor? Antecedents of trust towards consumer-generated media and its influence on recommendation adoption and word of mouth [J]. Tourism Management, 2015, 51: 174-185.

[34] Shintaro O, Luisa A, Sara C . Knowledge sharing among tourists via social media: A comparison between facebook and trip advisor [J]. International Journal of Tourism Research, 2017, 19 (1): 107-119.

[35] Simon Hudson, Karen Thal. The impact of social media on the consumer decision process: Implications for tourism marketing [J]. Journal of Travel & Tourism Marketing, 2013 (30): 156-160.

[36] Stephen W Litvin, Ronald E. Goldsmith, Bing Pan. Electronic word-of-mouth in hospitality and tourism management [J]. Tourism Management, 2008, 29 (3): 458-468.

[37] Tsai H, Bagozzi R P. Contribution behavior in virtual communities: Cognitive, emotional, and social influences [J]. MIS Quarterly, 2014, 38 (1): 143-163.

[38] Vaughan L, You J. Word co-occurrences on webpages as a measure of the relatedness of organizations: A new webometrics concept [J]. Journal of Informetrics, 2010, 4 (4): 483-491.

[39] Vogt C A, Fesenmaier D R. Expanding the functional information

search model [J]. Annals of Tourism Research, 1998, 25 (3): 551-578.

[40] Xiang Z, Pan B. Travel queries on cities in the United States: Implications for search engine marketing for tourist destinations [J]. Tourism Management, 2011, 32 (1): 88-97.

[41] Yoo K H, Gretzel U. Influence of personality on travel-related consumer-generated media creation [J]. Computers in Human Behavior, 2011, 27 (2): 609-621.

[42] Zheng J, Chen W, Zhang L, et al. A metric for measuring members' contribution to information propagation in social network sites [C]. Web Conference, IEEE, 2010.

[43] Zwass V. Co-Creation: Toward a taxonomy and an integrated research perspective [J]. International Journal of Electronic Commerce, 2010, 15 (1): 11-48.

[44] 布倩楠，杨勇，滕茜，许鑫. 上海旅游景区冷热均衡及联动效应研究——基于网络游记与要闻动态的比较分析 [J]. 资源科学，2015，37 (1): 184-192.

[45] 蔡剑，詹庆东. 研究生群体网络信息分享行为动机研究 [J]. 图书情报知识，2012 (2): 81-86.

[46] 柴海燕. 国外旅游网络口碑研究进展述评：2004~2011 [J]. 旅游科学，2013，27 (3): 84-95.

[47] 柴海燕. 旅游地网络口碑对消费行为的影响及营销对策 [J]. 中国地质大学学报（社会科学版），2009，9 (6): 104-107.

[48] 常亚平，董学兵. 虚拟社区消费信息内容特性对信息分享行为的影响研究 [J]. 情报杂志，2014，33 (1): 201-207，200.

[49] 陈新华. 旅游者在线评论撰写行为的影响因素研究 [J]. 企业经济，2016 (4): 161-164.

[50] 陈晔，耿佳，吴迪，屠金歌. 旅游虚拟社区用户粘性与分享行为的关系：自我建构的调节作用 [J]. 旅游科学，2018，32 (3): 1-12.

[51] 樊志勇，唐雪薇. 服务补救、地方依恋与游客正面口碑传播意愿——基于402份问卷的实证研究 [J]. 调研世界，2017 (5): 18-23.

[52] 傅平，孟薇. 大学生微信用户信息分享行为以及影响因素的研究 [J]. 信息资源管理学报，2015，5 (4): 105-111.

［53］宫承波．新媒体概论（第五版）［M］．北京：中国广播影视出版社，2016．

［54］郭峦，陈昕，李湮．“景区”内涵研究述评及其术语使用分析［J］．产业与科技论坛，2008（6）：42-44．

［55］郭彦，孙明贵．微信朋友圈中怀旧帖引发的怀旧营销新思路——基于扎根理论的实证研究［J］．技术经济与管理研究，2016（11）：53-58．

［56］韩新明．基于行为分析的微信朋友圈信息传播模型［J］．现代情报，2018，38（7）：62-66．

［57］胡芬，余纯，李治洋．基于内容分析法的乡村旅游地微信营销研究［J］．地域研究与开发，2016，35（5）：100-104．

［58］胡兴报，苏勤，张影莎．国内旅游者网络旅游信息搜寻动机与搜寻内容研究［J］．旅游学刊，2012，27（11）：105-112．

［59］姜雪．虚拟社区信息分享行为的影响因素研究综述［J］．图书馆学研究，2014（10）：18-24．

［60］金涛，李镇华．旅游企业新媒体营销应用研究［J］．云南社会主义学院学报，2014（3）：367-368．

［61］荆玉梅．微信朋友圈自我表露动机的心理探析［J］．传媒，2017（5）：83-85．

［62］李炳义．新媒体在旅游目的地营销中的应用研究——以微博为例［J］．开发研究，2014（6）：124-127．

［63］李春明，王亚军，刘尹等．基于地理参考照片的景区游客时空行为研究［J］．旅游学刊，2013，28（10）：30-36．

［64］李枫林，罗芳晴，郭宁宁．社会化搜索的信息收益与分享行为研究［J］．情报理论与实践，2013，36（11）：53-56，85．

［65］李枫林，周莎莎．虚拟社区信息分享行为研究［J］．图书情报工作，2011，55（20）：48-51．

［66］李娟，褚玉杰，赵振斌，王蕾蕾．基于共现聚类分析的西藏入境旅游热点研究［J］．旅游学刊，2015，30（3）：35-43．

［67］李君轶，杨敏．基于关键词选择的在线旅游信息搜寻行为模式研究［J］．旅游学刊，2013，28（10）：15-22．

［68］蔺国伟，白凯．网络口碑对潜在赴藏旅游者从众行为的影响

[J]. 人文地理, 2015, 30 (6): 138-145.

[69] 刘春济, 冯学钢. 我国出境游客旅行前的信息搜索行为意向研究: 基于 TAM、TPB 与 DTPB 模型 [J]. 旅游科学, 2013, 27 (2): 59-72, 94.

[70] 刘慧悦. 旅游者网络信息需求与景区游客量的关联性研究——以四川九寨沟为例 [J]. 情报科学, 2017, 35 (7): 39-43, 69.

[71] 刘蕤. 虚拟社区知识共享影响因素及激励机制探析 [J]. 情报理论与实践, 2012, 35 (8): 39-43.

[72] 吕兴洋, 刘丽娟, 林爽. 在线信息搜索对旅游者感知形象及决策的影响研究 [J]. 人文地理, 2015, 30 (5): 111-116, 133.

[73] 苗红, 马金涛, 张欢. 基于网络文本内容分析的宁夏休闲农业开发与需求特征研究 [J]. 开发研究, 2014 (2): 104-108.

[74] 彭慧洁, 朱君璇. 微信网络的信息传播模型研究 [J]. 现代情报, 2016, 36 (11): 37-42.

[75] 钱颖, 汪守金, 金晓玲, 钟永光, 李巧凤. 基于用户年龄的微博信息分享行为研究 [J]. 情报杂志, 2012, 31 (11): 14-18.

[76] 秦志红. 新媒体时代大北京的旅游景区整合营销传播 [J]. 新闻战线, 2015 (2): 85-86.

[77] 邱爱梅, 陈铭焜. 基于 UTAUT 修正模型的微信朋友圈广告接受意愿分析 [J]. 统计与决策, 2018, 34 (12): 99-102.

[78] 邱淑凤, 张景. 网络口碑对旅游消费者决策行为的影响研究 [J]. 西安财经学院学报, 2017, 30 (3): 76-81.

[79] 舒伯阳, 马雄波. 旅游目的地新媒体营销问题评析与集成模式探索 [J]. 武汉商学院学报, 2015 (3): 9-12.

[80] 王宏波. 微信朋友圈信息传播: 演化模型构建与仿真 [J]. 现代情报, 2017, 37 (9): 81-85.

[81] 王乐鹏, 姚明广, 王奕俊. 试论旅游企业的新媒体营销 [J]. 内蒙古科技与经济, 2011 (5): 31-32.

[82] 王玲宁, 兰娟. 青年群体微信朋友圈的自我呈现行为——一项基于虚拟民族志的研究 [J]. 暨南学报 (哲学社会科学版), 2017, 39 (12): 115-125, 128.

[83] 王小华, 徐宁, 谌志群. 基于共词分析的文本主题词聚类与主

题发现［J］．情报科学，2011，29（11）：1621-1624.

［84］王小璐，缪颖．从自我呈现到自我认同：网络化个人主义时代的社会化路径［J］．中国青年研究，2018（1）：91-98.

［85］王晓蓉，彭丽芳，李歆宇．社会化媒体中分享旅游体验的行为研究［J］．管理评论，2017，29（2）：97-105.

［86］王燕娇．大学生社交网站用户信息分享行为调查研究［J］．中华医学图书情报杂志，2014，23（7）：42-46.

［87］吴海婷．大学生在微信“朋友圈”的自我表露及其动机研究［J］．思想理论教育，2017（3）：92-96.

［88］辛文娟，赖涵，陈晓丽．大学生社交网络中印象管理的动机和策略——以微信朋友圈为例［J］．情报杂志，2016，35（3）：190-194.

［89］徐西蒙，刘婷．微信朋友圈5M营销范式［J］．企业管理，2016（7）：101-103.

［90］徐智，杨莉明．微信朋友圈信息流广告用户参与效果研究［J］．国际新闻界，2016，38（5）：119-139.

［91］许亚元，姚国荣，陶云．框架整合下的旅游网络口碑影响英文文献研究综述［J］．北京第二外国语学院学报，2015，37（1）：6-15.

［92］薛杨，许正良．微信营销环境下用户信息行为影响因素分析与模型构建——基于沉浸理论的视角［J］．情报理论与实践，2016，39（6）：104-109.

［93］阳震青，彭润华．移动UGC环境下旅游者知识分享行为研究［J］．旅游科学，2015，29（2）：46-59.

［94］杨昆，姬梅，陈娅玲．基于网络游记的西藏旅游目的地形象探析［J］．旅游论坛，2013，6（3）：60-65.

［95］杨敏．基于关键词查询的旅游目的地在线信息关注度分析——以我国8大旅游热点城市为例［J］．资源开发与市场，2014，30（2）：244-246，251.

［96］杨敏，马耀峰，李天顺，王觅，李君轶．基于屏幕跟踪的大学生在线旅游信息搜索行为研究［J］．旅游科学，2012，26（3）：67-77.

［97］杨萍，王斌，纪春礼，聂元昆．基于TPB修正模型的微信朋友圈广告接受意愿研究［J］．商业经济研究，2016（21）：71-73.

［98］杨兴柱，蒋错，陆林．南京市游客路径轨迹空间特征研究——

以地理标记照片为例［J］. 经济地理，2014，34（1）：181-187.

［99］杨杨. 海峡两岸妈祖文化网络传播的差异研究——基于网络文本的内容分析［J］. 中国海洋大学学报（社会科学版），2013（3）：49-53.

［100］姚小云，尹华光. 影视营销对游客旅游决策影响实证分析——以张家界借力《阿凡达》营销为例［J］. 地理与地理信息科学，2011，27（4）：94-97.

［101］姚占雷，许鑫，李丽梅，杨勇. 网络游记中的景区共现现象分析——以华东地区首批国家5A级旅游景区为例［J］. 旅游科学，2011，25（2）：39-46，72.

［102］余兵. 新媒体语境下乡村旅游产品营销方式创新［J］. 新闻战线，2015（8）：58-59.

［103］张补宏，惠章银. 基于"zmhz0752"旅游微信公众平台的惠州旅游形象研究［J］. 地理与地理信息科学，2016，32（3）：100-105.

［104］张凤，周志宏. 国内旅游网络口碑研究进展及展望［J］. 中南林业科技大学学报（社会科学版），2016，10（3）：95-98.

［105］张珺，沈冬梅. 新媒体在旅游企业营销中的应用［J］. 新闻战线，2015（8）：131-132.

［106］张维亚. 遗产旅游地服务质量评价模型研究——以世界文化遗产明孝陵为例［J］. 北京第二外国语学院学报，2008（1）：17-22.

［107］张欣茹，邹亮. 新媒体背景下旅游企业网络营销创新研究——以大连圣亚海洋世界为例［J］. 现代商贸工业，2015，36（3）：117-119.

［108］张琰，包小妹，吴凤媛. 微信朋友圈营销的影响因素及策略［J］. 青年记者，2015（33）：74-75.

［109］张正林，庄贵军. 基于社会影响和面子视角的冲动购买研究［J］. 管理科学，2008，21（6）：66-72.

［110］赵琴琴，张梦，付晓蓉. 物质奖励对旅游虚拟社区再分享意愿影响研究［J］. 旅游学刊，2018，33（3）：39-49.

［111］周卫芳. 旅游景区新媒体营销应用研究——以横店影视城为例［J］. 宁波大学学报（人文科学版），2015，28（2）：94-98.

［112］周晓丽，李振亭. 基于百度指数的搜索引擎中旅游搜索行为研究——以西安典型旅游景区为例［J］. 天津商业大学学报，2016，36（3）：11-16.

［113］周延．负面网络口碑对消费者旅游决策的影响研究［J］．现代交际，2018（5）：58-60．

［114］周永博，沈敏，魏向东，梁峰．态度与价值：遗产旅游体验模式探析——以苏州平江历史文化街区为例［J］．旅游科学，2012，26（6）：32-41．

［115］朱冰倩，陈能．旅游纪念品新媒体营销策略——以大庆旅游纪念品营销为例［J］．中国市场，2013（16）：63-65．

后 记

自2006年攻读博士学位以来，我便将“旅游创新”作为自己的研究方向。随后，以旅游创新系统方面的研究申报并获得了国家社会科学基金项目。该课题研究的开展促使我对旅游产业所发生的创新有了深入的思考和认识。互联网技术下的营销创新作为最为活跃的旅游创新之一，正是在那时闯入了我的视野。于是，2015年我以“广西旅游景区的新媒体营销策略研究”为题，申报了广西哲学社会科学规划项目并获得了立项。该研究的结题成果和我的一些思考汇集形成了大家现在所看到的这本书。

在旅游景区新媒体营销策略的研究中，我们发现相当数量的旅游景区新媒体营销尚处于盲从无序状态，非常缺乏理论指导。因此，本书基于网络游记的网络口碑传播现状、即时通信App的旅游者分享行为、旅游者网络搜索信息的偏好与满意度等内容，对“官方网站”“微信公众号”等自建新媒体渠道营销状况进行了探讨，尝试提出了旅游景区新媒体营销的策略，初步形成了系统性理论。这些内容虽然已经极具前沿性和探索性，但还是滞后于信息技术所带来的营销创新实践。希望此后有更多的学者能够不断深入和系统化该领域的理论。

本书能够结集出版，首先要感谢我的研究生团队，他们在数据收集、整理和部分章节初稿撰写上付出了较多的努力，给予我的研究极大的支持；其次要感谢广西大学商学院经济管理实验中心为我提供了出版资金，解决了我的燃眉之急；最后还要感谢所有关心、帮助和指导过我的老师、同事和朋友们！正是你们的鼓励和支持，我们才能一路前行！

郭 峦

2019年7月6日